## 現在の京急の電車　※平成30（2018）年1月現在

最新の1000形（二代目）17次車　平成29（2017）年度新車

試運転
613
1000

KEIKYU

赤とアイボリーの塗装が復活した1000形（二代目）

「銀1000」と呼ばれるステンレス車の1000形（二代目）

期間限定で創立120周年
記念の「けいきゅん号」
となった2100形

今の“京急顔”の元祖となった600形（三代目）

先代のフラッグシップ車である2000形も3扉ロングシートに改造され、
主にエアポート急行として使用

大師線の正月の風物詩である干支絵柄の表示板が取り付けられた1500形

どちらもリバイバル塗装の800形（二代目）［奥］と2000形

数少なくなった4扉車の800形（二代目）

いろどり豊かな京急電車。左から「KEIKYU YELLOW HAPPY TRAIN」、「KEIKYU BLUE SKY TRAIN」、2100形

本家イエロートレインの電動貨車デト17形（救援車）

# なぜ京急は愛されるのか

“らしさ” が光る運行、車輌、サービス

佐藤良介
Sato Ryosuke

交通新聞社新書 120

# はじめに

## 鉄道マニアとは別の熱烈な支持とは

インターネット上では、気軽に意見や感想を伝えやすいツイッターなどのＳＮＳやニュース記事のコメント欄で、鉄道マニアとは思えない人々が京急を応援している。京急が、筋金入りの鉄道マニア「鉄ちゃん」にとどまらず、幅広い人々から「京急愛」とも言われる熱烈な支持を得て、好感を持たれているのはなぜなのだろうか。

京急線は、品川を起点に泉岳寺で都営浅草線に接続する一方、蒲田、川崎を経由して横浜まで京浜間を貫通、さらに東京湾岸を南下し、横須賀市浦賀に延びる本線をはじめとした5路線・87㎞の鉄道路線である。

羽田空港へのアクセス線として近年重要度を増した空港線、京急発祥の路線であり川崎大師の参詣鉄道としての歴史が長い大師線、逗子や葉山といった湘南発祥の地を結ぶ逗子線、三浦半島南端の三崎を目指す久里浜線が、それぞれ本線から枝分かれし、東京23区の南部から神奈川県東部の沿岸部にかけてを営業エリアとしている。

２０１６年度の輸送人員は約４億６７８０万人で、日本の大手私鉄16社のうちの一つに数えられる鉄道である。運営しているのは京浜急行電鉄株式会社で、戦後は長らく「京浜急行」と呼ばれて親しまれてきたが、「京急」という略称も次第に定着し、近年では公式な略称として「京急電鉄」と言われるようになった。

地方自治体が支援して運営されている地域密着の鉄道なら、マニアや地元の人々から愛されるのは理解しやすい。しかし大手私鉄で、マニアではない人々にまで昨今の熱烈な愛され方が浸透しつつある様相は、あまり例がないのではないか。

## 幼少期の横須賀から見た京急

私が生まれ育ったのは横須賀本港を見下ろす丘の上で、裏山の切株に腰掛けると、眼下には谷戸《やと》と呼ばれる谷間の街を横断する京急電鉄の逸見《へみ》駅が見えた。その遠方には国鉄横須賀線の横須賀駅が手に取るように見え、模型のジオラマのように行き来する電車を飽きもせず眺めていた。こうして鉄道少年になるべく環境にどっぷりと浸かった幼少期を過ごした。

昭和30年代前半の私が子どもの頃は、国鉄の大都市周辺の近距離電車を指した国電を「省線電車」（省＝鉄道省）と呼び、京急は前身の湘南電鉄を指す「湘南」と呼ぶ大人がまだ大勢いて、戦後育ちの私など、湘南電車は絵本でオレンジ色と緑色のいわゆる東海道線の湘南電車だと思っていたので、なぜ京急を湘南と言うのか理解できなかった。

横須賀線はクリームと青のいわゆるスカ色で、運転間隔も長く、忘れた頃に7輛編成の電車が堂々と駅に到着するのが見えた。これに対して、京急は赤と黄色の派手な塗装の2～3輛編成の普通電車が駅に到着すると、間もなく赤に白帯の4輛編成の特急電車が通過して、そのあと気ぜわしく普通電車が発車していく。これを10分ごとに繰り返していた。

我が家の例だが、横浜までは京急、東京へは横須賀線を利用するといった不文律があった。多分、横須賀市民の大勢もこうした使い分けをしていたと思う。これは京急としても大きな悩みであったところで、なんとか品川まで京急を利用してほしいという願いがあり、京急の特急が速達列車の基幹列車へと成長して充実をもたらしていったといえる。

京急は高速性能に優れた新形車輛が毎年登場したのも魅力的であった。その点、戦後の横須賀線への新形車輛の投入は昭和38（1963）年と出遅れ、最初は横須賀線の象徴であるスカ色ではなく、東海道線などですでに使用されていた湘南色でデビューしたので、期待をそがれた感じがしたのも事実である。京急は都営地下鉄1号線（現：浅草線）との直通運転開始に向け、昭和34（1959）年以降、1000形（初代）を作り続けていた。

国鉄車輌に比べれば少量生産で、私鉄特有のオーダーメイド感のある車輌であった。

窓一つにしても規格化したユニットサッシといわれる別付け窓枠とせず、工作が面倒であるがガタツキのない車体に直付けする窓枠で四隅に丸みを付けたもので、車輌全体の直線と曲面の融合をコンセプトとしてきた京急の、チープ感を抱かせないデザインへの配慮があった。これらのデザインは実用性を優先しており、車内の手すりやつかみ棒が目障りにならないような配慮がなされ、また内装壁板と床板の境目に曲面の押し縁を使い、車内清掃の際に塵が残らないような細かい心配りが各所に見受けられた。

京急、横須賀線ともに魅力的であったが、運転頻度が高く、次々にいろいろな形の電車がやってくることで、細かい観察もでき、興味の対象が京急へと傾斜していったのかもしれない。

## 歴史の中で〝京急らしさ〟を探る

幼少期から沿線に住み、これまでずっと追い続け、見続けてきた京急。私は、今の京急に対する好意的な声が、沿線地域の住環境への憧れや、時代の先端を行くお洒落な街のイメージなどというような人気とは別のものだと捉えている。

それは、京急電鉄そのものの長年の歴史で培われた鉄道に対する取り組み姿勢や存在感に、他社にはない独特の空気が感じ取れるからであり、時流に乗りながらも流されない信念に共感を得ているからではないだろうか。本書では、そうした京急の源流をさまざまな視点から探ってみた。

なお、京急電鉄の前身である京浜電気鉄道が明治、大正期の軌道法による鉄道であったため、駅は「停車場」や「停留所」と呼ばれていたが、本書においては「駅」と統一して記述する。また、京急電鉄と並行路線で互いに影響し合うＪＲ東日本の前身である日本国有鉄道も、時代によりその所轄省庁によって名称が異なっていたが、基本的に「国鉄」に統一して記述することをお断りする。

写真については、特に撮影者を記載していないものは筆者による撮影である。

## なぜ京急は愛されるのか――目次

## 現在の京急線路線図

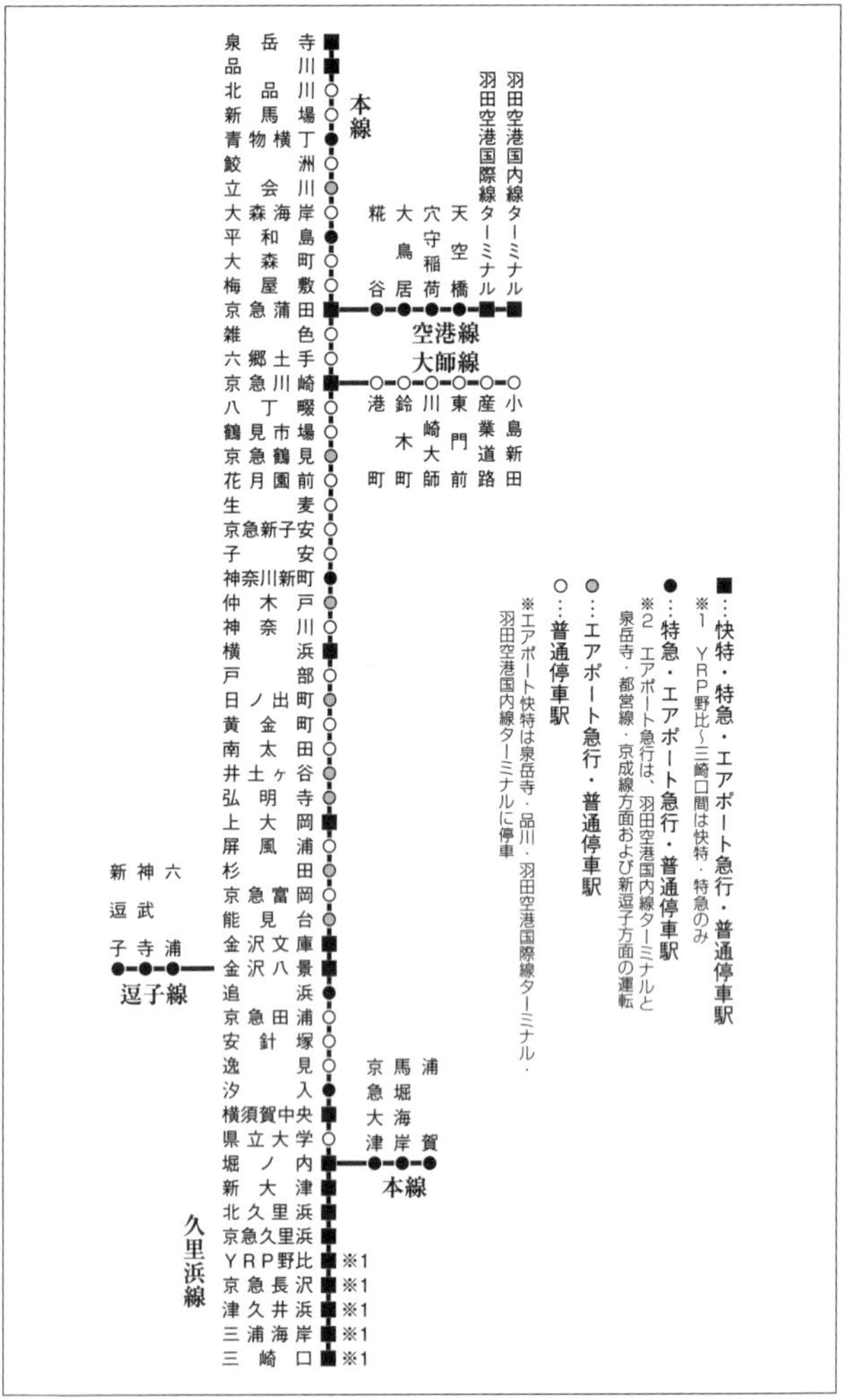
本線
泉岳寺
品川
北品川
新馬場
青物横丁
鮫洲
立会川
大森海岸
平和島
大森町
梅屋敷
京急蒲田
雑色
六郷土手
京急川崎
八丁畷
鶴見市場
京急鶴見
花月園前
生麦
京急新子安
子安
神奈川新町
仲木戸
神奈川
横浜
戸部
日ノ出町
黄金町
南太田
井土ヶ谷
弘明寺
上大岡
屏風浦
杉田
京急富岡
能見台
金沢文庫
金沢八景
追浜
京急田浦
安針塚
逸見
汐入
横須賀中央
県立大学
堀ノ内
新大津
北久里浜
京急久里浜
YRP野比 ※1
京急長沢 ※1
津久井浜 ※1
三浦海岸 ※1
三崎口 ※1
久里浜線
空港線
糀谷
大鳥居
穴守稲荷
天空橋
羽田空港国際線ターミナル
羽田空港国内線ターミナル
大師線
港町
鈴木町
川崎大師
東門前
産業道路
小島新田
逗子線
六浦
神武寺
新逗子
本線
京急大津
馬堀海岸
浦賀
■…快特・特急・エアポート急行・普通停車駅
※1 YRP野比～三崎口間は快特・特急のみ
●…特急・エアポート急行・普通停車駅
※2 エアポート急行は、羽田空港国内線ターミナルと泉岳寺・都営線・京成線方面および新逗子方面の運転
◎…エアポート急行・普通停車駅
○…普通停車駅
※エアポート快特は泉岳寺・品川・羽田空港国際線ターミナル・羽田空港国内線ターミナルに停車

# 第1章 人々を惹きつける京急らしさ

## 赤い電車の源流

京急の電車の色といえば「赤」というイメージが、沿線を中心に一般的に定着している。東は赤い京急、西はマルーン（栗色）の阪急として、両社は車輛塗装色の伝統をかたくなに守り継いでいる。

ところが、どうやら京急の前身である大師電気鉄道の創業当初は、車体の色が赤ではなかったという説がある。名著『カメラと機関車』の著者で、鉄道に造詣の深かった写真家・吉川速男氏が、開業間もない大師電気鉄道に乗車した経験を京急創立60周年の社内報「京浜」の鉄道愛好家座談会で語られている。

それによると2軸4輪の電車は窓周りを青、腰部はクリームの塗り分けで、この対談が行われた頃の横須賀線70系電車の逆のような塗り分けだったと述懐している。確かによく見ると、桜並木の大師新道《だいししんみち》を走る創業時の4輪電動車の3号の白黒写真ではあるが、明るい色に塗り分けられていたようにも見える。

また歌舞伎の三味線奏者で人間国宝となった杵屋栄二氏も大の汽車・電車好きで知られ、公演旅行には和服姿にカメラを持参して出向いており、出稽古などで京浜電気鉄道（京浜電鉄。京急の前身）も多く利用していたようである。この杵屋氏は幼少の頃のボギー

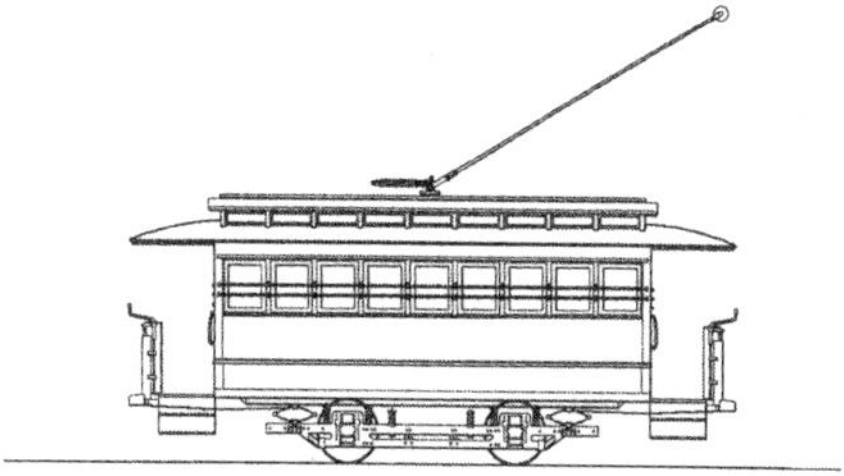

大師電気鉄道1号車（4輪単車）［図］

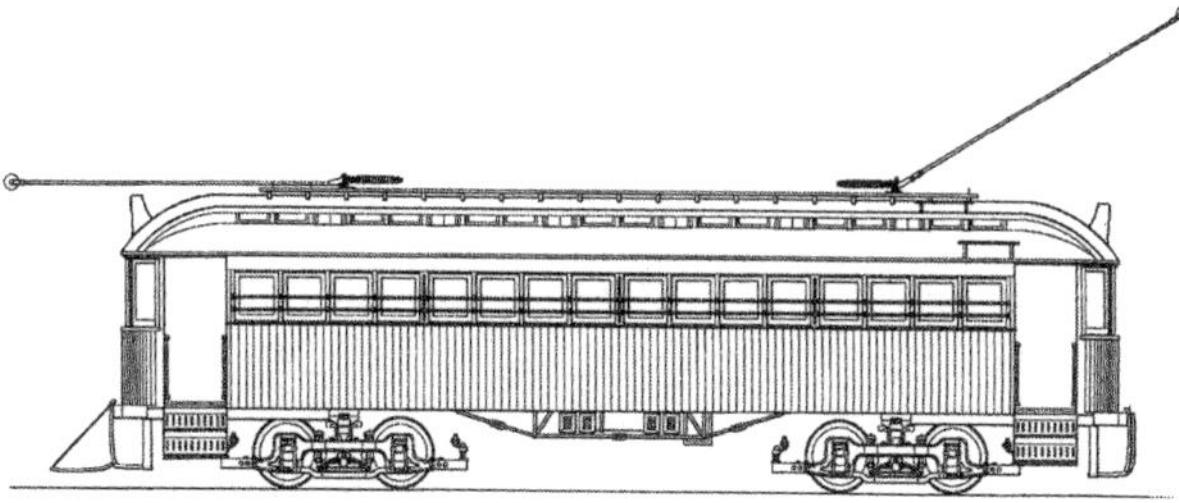

京浜電気鉄道1号形ボギー電車［図］

1号形の初乗り経験を、創立80周年の時の社内報「けいひん」で求められ、インタビューを受けている。それによると「赤味の強いあずき色であった」と記憶を語り、「貨物電車などは大正時代に一時期、空色に塗られていた」とも語っている。

また一説には、大正時代に京浜電鉄の技術者であった曽我正雄氏が、同社が目指し、当時アメリカで隆盛を極めていたインターアーバン（都市間鉄道）をはじめとしたアメリカの電気鉄道事情の視察に赴き、郊外から乗り入れた真っ赤な車体の電車が市街路を連結運転で堂々と走っていた西海岸のＰＥ（パシフィックエレクトリック）の印象を強く受け、京浜電鉄の赤い電車の誕生に結び付いたのではないかと言われている。

しかし赤という塗料は曲者で、下地の色が透けて見えやすいことや、耐候性が劣るものの高価であった。それで国鉄は一等車を白、二等車を青、三等車を赤として、乗車券の地色や車輌の窓下にそれぞれの色の帯を引き、識別していたが、一番数の多い三等車の赤帯を廃止して経費節減を図ったという。こうしたこともあってか、戦前は汚れが目立たない黒や褐色、暗緑色のような地味な色が主流の鉄道車輌の中で、深紅色の京浜電車は際立った存在であった。

湘南電気鉄道（湘南電鉄。京急の前身の一つ）の塗色は京浜電鉄とは異なって赤褐色で、このため京浜の同形車とは識別ができた。なぜか久里浜に保存されている京浜の51号形と湘南のデ1形の復元車は、復元当初ははっきり違いのわかる色で塗り分けられていたが、いつの頃からか2色の塗料を混ぜたようなどっちともつかない同じ色に塗り替えられてしまったのは残念である。

## 「赤い電車に白い帯」への統一

戦中、戦後の混乱期には整備も滞り、車輌塗装は本来の役目である錆止めの機能を果たしつつも、色調などは考慮する余裕がなく、暗褐色や赤褐色などに塗られていた。その混乱状態を脱して、昭和23（1948）年に京浜急行電鉄として発足し、新造車輌から深紅色が復活した。国鉄も、湘南色や横須賀色をはじめ、明快な塗り分け塗装時代が花開いた。

さらに京急では昭和25（1950）年春以降の一般検査（現在の定期検査）による整備から、窓下の腰板部分を赤味のある栗色、窓から上部をアイボリーとした上品な塗り分けを行った。しかし汚れが目立ち、翌年にデビューした休日のハイキング列車などの観光輸送にも使用するため、今日の2100形のルーツともなる2扉セミクロスシートの500形から窓周りを黄色、その上下を赤色とした派手なツートンに変更した。在来車輌も順次

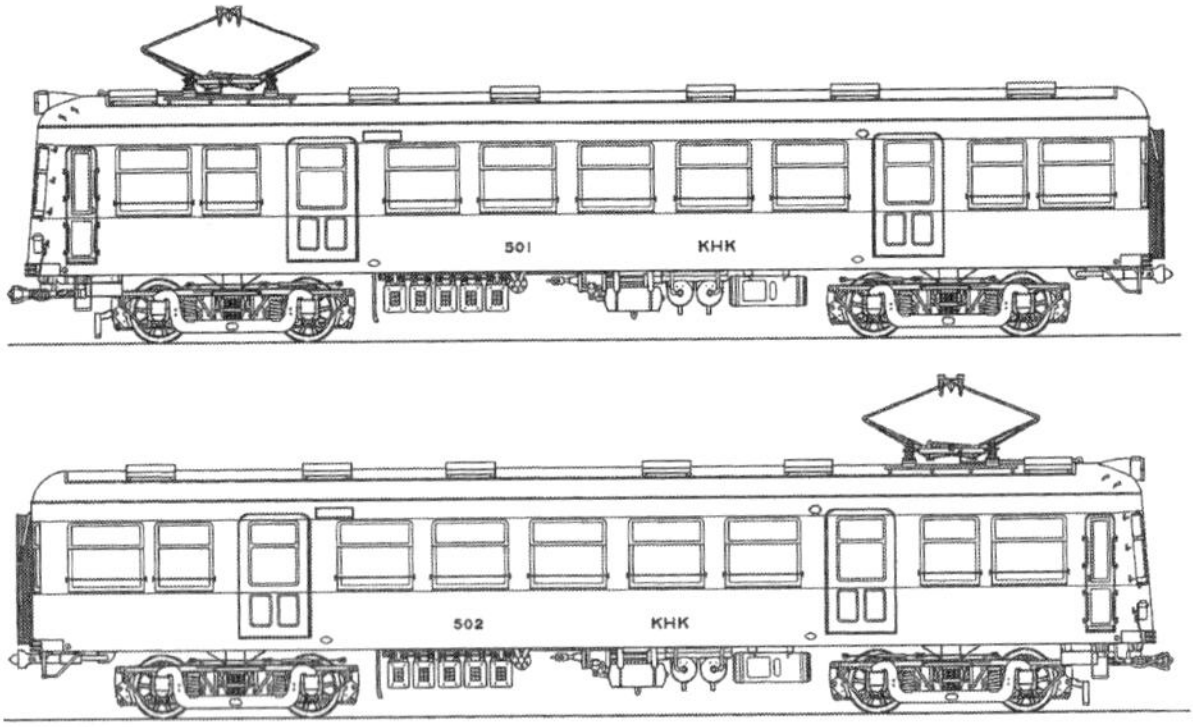

窓周りを黄色、その上下を赤色とした500形［図］

赤に白帯の元祖となる600形（初代）［撮影：柴橋達夫］

2扉セミクロスシート車の700形（初代）［撮影：柴橋達夫］

塗り替えが進められたが、昭和28（1953）年に500形を3扉ロングシートとした600形（初代）は、赤1色に幅10㎝の白帯を側面窓下に引いた塗装に変更した。昭和31（1956）年には、500形の後継車として京急初の新技術を盛り込んだ高性能車である2扉セミクロスシート車の700形（初代）から白帯幅を15㎝として車輌全体に巻いた。その後、昭和34（1959）年登場の1000形（初代）、昭和41（1966）年登場の4扉ロングシートの700形（二代目）も受け継ぎ、在来車も順次塗り替えられた。こうして、当時、京急のCMソングとしてテレビやラジオから流れてきた「赤い電車に白い帯」に車輌塗装が統一された。

## 白色系の部分は塗り分け

昭和53（1978）年、800形（二代目）が、白帯を窓周りに拡大した明快な塗装により鮮烈なデビューとなったが、汚れが目立つこともあって、間もなく窓周りの白はアイボリーに変更となった。昭和57（1982）年の快速特急用2000形のデビュー以降、窓周りのアイボリー塗装は2扉クロスシート車のシンボル塗装とされた。そのため、800形は従来の窓下白帯塗装に塗り替えられ、続く3扉ロングシート車の1500形も窓下白帯塗装となった。

平成6（1994）年に登場した600形（三代目）は3扉でありながら可動収納座席を備えたオールクロスシートとしたため、窓周りアイボリー塗装を採用、2扉クロスシート車である2000形の後継車2100形に受け継がれた。2000形は3扉ロングシート車への改造を機に、窓下白帯塗装に変更したが、2100形に続いて平成14（2002）年から製造され現在も増備が続く3扉ロングシート車の1000形（二代目）は窓周りアイボリー塗装となり、塗り分けの定義が曖昧になった。

1000形（二代目）の車体はアルミ合金製から、途中でステンレス鋼製になったが、他社のようにステンレス地（銀色）の車体にフィルムの色帯を巻いただけとせず、従来の外観イメージを残すよう、腰板の赤に幅12cmのアイボリーの帯、幕板部には赤のフィルムを貼ったもので、マニアの間では「銀1000」などと呼ばれていた。しかしながら、窓周りはステンレスの地のままであり、赤とアイボリーの塗装に比べると全体的にコントラストが弱く、「これは京急の電車ではない！」という印象を持つ人も少なくはなかったようである。平成27（2015）年度の4輌編成車から、窓周りもアイボリーのフィルムを貼り、ほぼフルラッピング状態となったが、創立120周年を迎える平成29（2017）

窓周りアイボリーの元祖である800形（二代目）

東急車輛製造（現：総合車両製作所）から出場する2000形

ステンレス鋼製の1000形（二代目）

年度製の新車から、ステンレス車体であるものの再び塗装仕上げとすることになり、11年ぶりにこだわりの京急カラーが復活となった。

## 青い電車と黄色の電車

赤い電車の中に交じって、青色塗装の「KEIKYU BLUE SKY TRAIN」（京急ブルースカイトレイン）が平成17（２００５）年から２本、黄色塗装の「KEIKYU YELLOW HAPPY TRAIN」（京急イエローハッピートレイン）が平成26（２０１４）年から１本運行されていて、どちらも人気を博している。

ブルースカイトレインの青色は、羽田空港の空と三浦半島の海をイメージ。羽田空港駅（現：羽田空港国内線ターミナル駅）ＰＲのためのシンボル電車として誕生した。

一方のイエローハッピートレインの黄色は、機材の運搬や救援車として使われる電動貨車（2輌編成）の塗装をモチーフにしている。この電動貨車の塗装はやや濃い黄色に赤い帯を巻いており、３編成あるものの、その用途から1週間に1~2回程度、限られた区間しか運転されないため、見るとハッピーになる「しあわせの黄色い電車」として、隠れた人気車輌となっていた。

「KEIKYU YELLOW HAPPY TRAIN」と「RED LUCKY TRAIN」のタイアップポスター

そこで、京急電鉄ではこの人気に応えるとともに、沿線に幸せを広めたいという思いから、電動貨車が西武鉄道の車輌の色に似ているということもあって、西武鉄道にコラボレーションを持ち掛け、貨車の黄色より淡い西武鉄道の黄色に塗った「KEIKYU YELLOW HAPPY TRAIN」を就役させた。これに応えて西武鉄道は、車輌を京急の赤とアイボリーのラッピングを施した縁起の良い紅白カラーの「RED LUCKY TRAIN」として、ともに多くの幸せを運びたいと、平成26（２０１４）年から同時に京急電鉄、西武鉄道で運行を開始した。

車輌の定期検査などでの塗り替えのタイミングで、元の塗装に戻されることはよくあるが、ブルースカイトレイン、イエローハッピートレインとも人気に支えられ、運行が継続されている。この2つの車輌の当日と翌日の運行予定が京急電鉄のホームページで公開されており、年齢・性別を問わず、駅や沿線でカメラやスマホを持って待ち構え、撮影している姿を多く見かける。赤い電車の中にあって、青と黄色の車輌はアクセントとして親しまれているようである。それが一層、京急は赤い電車というイメージを際立たせているように思う。

このほか、古参車輌となった800形（二代目）と2000形のそれぞれ1編成を、製造当初の塗装に戻すリバイバル塗装とした。一見両方とも同じ赤とアイボリーの塗り分けと思いがちだが、800形（二代目）はデビュー当時のアイボリーではなく白色としたところに、京急のこだわりを見ることができる。

こうして伝統となった赤い電車は、京急の車輌のイメージとして次第に人々に印象付けられ、浸透していった。旅先から家路につくとき、赤い電車を見ると「帰ってきた」と安堵する気持ちになる沿線住民は、多いのではないだろうか。

## 前面展望が人気の京急の車輌

京急の電車は前面展望が抜群に良く、展望ビデオなどわざわざ買う必要がないほど運転

湘南デ1形復元保存車の運転室

ライブ感が満点である。前面展望とは、先頭車の運転士がいる乗務員室越しに、客室から前方を眺めることで、「かぶりつき」とも言われる。もともと「かぶりつき」は、歌舞伎などの劇場の最前列の客席を指す言葉である。昭和5（1930）年4月、湘南電鉄の開通時に用意されたデ1形時代から、前面展望が良い車輌を投入していたのだが、平成19（2007）年のステンレス鋼製1000形（二代目）の登場によってやや後退した感があり、残念である。デ1形以前の電車はというと、運転室を設けずH字形に設置されたパイプで仕切り、正面中央に運転機器を備え、運転士は立った状態で運転操作を行っていた。

デ1形では車輌両端の左側を仕切って運転室としたが、右側は座席が車端まで伸び、乗客は運転士よりも前から前方を眺めることができた。こうした構造はほかの会社の電車でも見られたが、デ1形の特徴は窓が天地108㎝の大きさで床から72㎝の高さにあって車窓展望に優れ、さらに運転室の仕切りも腰の高さまでしかなく、運転操作は丸見えの状態で、子どもはもちろん大人まで人気があった。

戦後、丸見えの運転操作を見て進駐軍兵士が面白半分で「運転をさせろ」と強要し、中にはピストルやナイフをちらつかせることもあって、保安上から運転室は天井までの囲いを設け、立ち入り禁止（off limits）の標記を行って運転士の操作は見えにくくなった。一方で、右側の座席はこれまでどおり車端部まで伸びて、展望満点の車輌は、経年による近代化工事によって改造されるまで健在であった。

冷房完備の現在の車輌では窓を開けて涼をとることも珍しくなったが、戦前製の車輌は正面の窓も開閉できて、子どもたちは先を争ってこのポジションを確保した。走行中は風が吹き込んで大人たちはいい顔をしなかったが、窓から顔を出して下をのぞくと、車体にレールが吸い込まれていき、振れ止めのない連結器がお辞儀をするように上下左右に振れていた。このようなことを体感した子どもたちの中から多くの京急ファンが生まれたことは間違いない。そして、かく申す私もその一人である。

## 「かぶりつき」の醍醐味

戦後以降に製造された電車は、乗務員室として現在に見られるような運転士と車掌の居場所を確保した造りに変更となった。京急の車輌はその仕切りに設けた窓が大きく、デ１形からの伝統を継承した。それはまるで金魚鉢のようで、運転士の動作は仕切り窓越しに丸見えであり、子どもたちに人気の「かぶりつき」は京急の電車ならではの光景である。

1000形の前面展望はデ1形譲り

他社ではシャイな運転士が多いのか、夜間運転時の車内照明の映り込みを避けるためのカーテンを日中も下ろしていることが多く、乗務員室は密室状態である。こうしたことは、蒸気機関車など乗客と隔絶された場所で運転操作を行っていた鉄道から、電車運転を始めた鉄道会社に見られる社風とも言えるもので、乗客も前面展望は見えないのが当たり前だと思っている。

今では伝説となったが、昭和40（1965）年前後は、京浜間で国鉄電車を追い抜いたり、加速やブレーキ操作が気に入ったりすると、停車した際に「運転がうまかった。スカッとした」などと一言言って、運転士に煙草を1箱渡す乗客がいた。どのような素性の方なのかはわからなかったが、どうも久里浜線沿線の方ではないかと噂されていた。

「かぶりつき」の醍醐味は、スピード感や前方の景色だけではなく、運転操作やスピードメーターを見て楽しむことでもある。だが、いい大人が子どもたちの間に割り込むのも気が引ける。

そこでちょっと「通」の気分で、列車の後部側にある乗務員室をのぞいてみる。運転席側に席をとれば、車掌は反対側で放送や安全確認に専念するので運転機器類は丸見えである。前方での運転士の操作がメーターの動きに現れ、主回路電流計や架線電圧計、そして空気圧力計の動きが気にかかる。

京急の車輌はすべて電力回生ブレーキを備えた省エネ車輌である。回生（ブレーキ操作により発生した電流を架線に返すこと）によりブレーキが利き、その回生された電力をほかの電車の動力に利用することができる。主回路電流計は中心から右側は黒文字で、左側は赤字で数値が書かれている。運転士が加速していれば指針は右側に振れ、ブレーキをかけると指針は赤字の回生側に振れる。それと同時に架線電圧計が振れて電圧値が高まり、回生が行われていることがわかる。同じセクション内で別の列車が加速中であれば電力が吸収されるが、夜間など列車本数が少ない場合や停車のために速度が落ちてくると、空気ブレーキの圧力計の指針が上昇して空気ブレーキに切り替わったことがわかる。

前面展望から省エネの話になってしまったが、運転操作が簡略化された今のワンハンドル時代にあの煙草おじさんが乗車したら、メーターの動きを凝視して「うまい省エネ運転だ！」と言ってくれるだろうか。ただし禁煙習慣が広まった今では、ご褒美は別の物に変わっているであろう。

## 脱線事故の復旧をネット上は応援

平成24（２０１２）年９月24日、局地的な短時間豪雨の影響により、深夜の下り三浦海岸行８輌編成の特急列車が、本線追浜《おっぱま》〜京急田浦間の線路上に崩落してきた土砂に乗り上げ脱線、３輌目までが船越第一隧道（トンネル）内で停車した状態となった。

隧道内は左にカーブしていたが、先頭車が電動車である京急の車輌の強みで、脱線はしたものの大きく向きを変えることなく、最悪のトンネル側壁に激突といった大惨事にはならなかった。しかし、トンネル内ということと大型重機が入れられず、線路が曲線区間でレールの左右の高さが異なるように設置されている（カントと呼ぶ）こともあり、事故車輌の復旧には時間を要することになった。

本線は金沢八景〜逸見の間を不通として、下り列車は快特と普通を金沢文庫止まり、エアポート急行を新逗子行として運転。分断された逸見より先の本線と久里浜線は、安針塚《あんじんづか》〜逸見間の上下わたり線を使い、浦賀〜逸見間、三崎口〜堀ノ内間で普通列車の運転を行うとともに、不通区間は京急バスによる代行運転とJR横須賀線への振替輸送の依頼を行った。

この間、マスコミは事故の責任の追及と市民生活への影響、復旧の遅れを指摘したが、インターネット上では、「記録的な大雨による不可抗力だ」とか、「先頭車を重量のある電動車にするような車輌に対する思想が死者を出さずに済んだ」などといった京急を擁護するコメントが目立ったほか、「がんばれ京急」など復旧に対する応援メッセージまで寄せられた。

結局、脱線した車輌を切り離し、1輌ずつレール上に戻してトンネル内から引き出すことになり、昼夜兼行の作業により発生から55時間半経過した9月27日の朝に復旧した。京急では異例となる長時間の不通であった。この年の京急の鉄道事故復旧訓練は、予定より1カ月ほど延期され、内容を土砂崩壊による列車阻害に変更して行われた。また、事故車輌は検証の後、廃車の手続きが行われたが、品川方の先頭車輌は金沢検車区内に曲線区間での脱線事故復旧訓練用として保管されている。

実はこの事故の15年前の平成9（1997）年4月、安針塚〜京急田浦間を走行中の上り列車の直前に落石があり、乗り上げて車輌が上下線の内側に向けて脱線した事故があった。この時は下り快速特急列車が接近しており、非常ブレーキと、非常発報信号により二次災害を回避することができた。これを教訓にJRのTE（列車防護）スイッチと同等の非常ブレーキ、発報信号（列車無線機能の一つとして非常時に半径1㎞の範囲に接近してくる上下列車に停止措置を取らせる装置）、パンタグラフ降下などをワンタッチで行える緊急停止スイッチを全運転台に設置していた。

## 京急は雪ニモマケズ

京急の沿線は関東地方南部の海沿いであるため、降雪は年に一、二度あるかないかだが、時には発達した南岸低気圧の通過により予想外のドカ雪が降ることもある。そうなると、降雪に不慣れな首都圏の鉄道は、たちまち大混乱となる。降雪予想を誤り、早めに間引き運転に切り替え、〝店じまい〟をした鉄道では、架線やポイントが凍結して初電が動かせない事態に陥ってしまう。だが京急は、天気予報が外れる時もあるが用心深いというか、最悪な状況を予測して準備を怠りなく、排雪列車の運転と車庫の車輛の終夜通電を行い、凍結防止を図って、初電から大きな遅れもなく運行できていることが多い。

また、鉄道各社とも、降雪対策では車輪が雪でスリップしないような「耐雪ブレーキ」を備えているが、京急では「対雪ブレーキ」と書く。これは、運転士がこの装置を過信せず、ブレーキ操作には注意を要することを意識するためとしている。

安全を確保しつつ、できるだけ運行しようというあたりは、利用者もどこか感じ取っているかのようで、「雪にも負けない京急」として捉えられているのだろう。

雪の夜、十数年前までは駅構内でポイントの凍結防止用に焚かれているカンテラの火が、そこここでチラチラ揺れているのは幻想的でもあった。燃料の給油は、金沢文庫のような構内が広い駅では一巡すると、初めのカンテラの燃料が不足してくるのでまた給油しなければならず、大変な仕事であったという。近年はポイントに電気ヒーターが取り付けられるようになり、こうした光景は少なくなった。

## 沿線の学校が休校にならない?!

京急ファインテック久里浜事業所にて毎年行われる大規模な鉄道事故復旧訓練で、ある年、地元選出の国会議員による開会のスピーチが印象的だった。「学生の頃、他校はストライキで休校となるのに、京急沿線にあった学校だったので休校にならずがっかりした」とユーモアを交え、沿線住民の一人として京急に寄せる信頼を語っていた。

最近は利用者を巻き込む実力行使はすっかり影を潜めたが、昭和40年代は日本が最も元気な時代で高度成長が続き、毎年恒例となっていたベースアップ要求の春闘をはじめ、鉄道各社でもストライキが頻繁に行われていた。国鉄も経営が赤字に転落し、労使関係が悪化していたこともあって、各地でストライキが行われ、車輛にはスローガンを書いた千社札のようなものが隙間ないほど貼られ、水性ペイントによる落書きが所狭しと書きなぐられていた。鉄道の職員が自分たちの生活の糧でもある、物言わぬ車輛を汚す気持ちは理解できず、悲しくなった。

特に昭和50（1975）年の年末繁忙期に入る11月26日から12月3日の8日間にわたり、国鉄ではストライキにより旅客、貨物輸送がストップした。すでに鉄道貨物輸送の衰退は始まっていたが、荷主の信用は決定的に失われ、トラック輸送が物流の主流になる転機となったと言われている。また、その後の度重なる運賃値上げにより、航空運賃と逆転して長距離旅客のシェアも失っていった。

京急も戦後間もない頃は労働者の権利行使としてストライキが行われていたが、いつの頃からか利用者を交渉の人質に取るストは、労使とも結果的には得策ではないとしたのかわからないが、ストライキを回避していた。

ただ、並行路線や相互直通運転の相手先のストライキでは、京急が振替輸送の受け入れや直通列車の品川折り返し変更で大混雑となった。並行する国鉄の東海道線、横須賀線、京浜東北線の3路線は、京急の持つ輸送力のキャパシティをはるかに上回り、京急では振替輸送によって列車は超満員、駅のホームは人であふれかえり改札止めによる入場制限を行う大混乱という事態に苦しんだ。このため、日中の快速特急を2扉セミクロスシート車から4扉ロングシート車の8輌編成に替えて混雑への対処を行うなど、列車運行のやりくりを得意とする臨機応変の対応であたった。

また、翌日は通常の車輌運用で始発から運転するために、終車以後夜通しで神奈川新町と金沢文庫の車庫間で車輌をやり取りする回送運転を行い、翌朝は何事もなかったかのように平常運転が始められていた。振替輸送で京急を利用した乗客は、これらの対応で四苦八苦している裏舞台まで思いは回らず、やたら混雑していた京急が印象として焼き付けられたのではないかと思う。

しかしこうした〝止まらない、止めない京急〟は、利用者や沿線の企業、学校からは信頼を得ることになり、京急はストライキをしない会社として認知され、高架化など沿線や利用者に負担をかける大規模な工事でも、何かにつけて好意的な協力を得られる関係を築いていった。

## 京急ファンの系譜

鉄道を単なる移動の手段ではなく、好奇の対象として捉え、楽しむことを「鉄道趣味」という。日本がイギリスやアメリカと並んで鉄道趣味大国となったのは、もともと島国で海外に対して憧れや好奇心の強い民族性と、鎖国体制により他国との摩擦がない太平の世の中が約220年に及び、直接生産性に結びつかない「道楽」を容認する豊かな庶民文化が醸成された土壌があったからにほかならない。

文明開化により鉄道がもたらされてから、鉄道マニアまたはファンが生まれるには時間はかからなかった。すでに明治時代には萌芽しており、写真撮影や鉄道関連物（乗車券など）の蒐集《しゅうしゅう》が始められていた。昭和に入ると東京や京阪神地区など都市部で組織化され同好会が生まれ、会報や専門雑誌が刊行されるまでに至った。

撮影会の募集はいつもすぐに満員

その主流はロコマニアといわれる蒸気機関車が王道とされていたが、電車、路面電車マニアも広がりを見せ、京急の前身である京浜電鉄は同業他社に比較して秀でたスピードや斬新な車輌で、すでに一目を置かれる存在であった。

臼井茂信氏、宮松金次郎氏、高松吉太郎氏、荒井文治氏、杵屋栄二氏など、趣味人の中でも名立たる人たちによる写真は、数少ない戦前の京浜・湘南電鉄の姿を今に伝えている。戦争による活動の中断を経て、終戦直後の生活基盤を失った時代ではあるものの、規制が解かれた開放感にいち早く同好会が復活。高松吉太郎氏が主宰した東京鉄道同好会の会報『ロマンスカー』には、永田義美氏によって、初めて大師電気鉄道創業時からの京浜・湘南電鉄の車輌を時系列に解説した記事が発表された。

続いて月刊鉄道誌の刊行が始まり、東京鉄道同好会をはじめとした各地の鉄道趣味団体が合同して、D51形蒸気機関車や新幹線に携わり著名な国鉄技師長の島秀雄氏を会長に迎えた全国的な組織「鉄道友の会」が昭和28（1953）年に生まれた。当時、私鉄各社はもとより、お役所仕事のお堅い国鉄も鉄道の事業内容を理解してもらう宣伝活動の一環として鉄道趣味には寛容であり、国鉄や私鉄の現職職員も会員として加わり、ニュースなどを提供した。

特に、京急の技術者であり要職にあった日野原保氏と、東京放送（TBS）のアナウンサーであった吉村光夫氏は、ともに鉄道友の会に籍を置き、京急の新車見学や撮影会に尽力して、京急の情報発信を数多く行った。これにより、多くの京急ファンが生まれる土壌が形成されていったと言える。

## ライトなファンへの広がり

鉄道趣味がさらに認知され市民権を得るのは、昭和40年代中頃からの蒸気機関車の全廃に向けて鉄道全般への関心が高まった時期で、広く社会現象ともなった。空前の鉄道ブームにより、書籍などによる紙媒体を中心とした情報があふれた。鉄道月刊誌で老舗でもある『鉄道ピクトリアル』では、冊子全体のテーマを私鉄1社に絞るという、当時は異例

連結作業は大人も子どもも興味津々

だった臨時増刊号の第1号として「京浜急行電鉄」を取り上げたのも、この時期であった。

また、全国の鉄道を対象とした鉄道友の会とは別に、各私鉄沿線に深度の深いご当地ファンクラブが自発的に生まれた。京急にも一私鉄では破格の500人を超える会員を数える同好会が生まれ、月刊会報の発行や車輌を貸し切っての試乗会や撮影会が行われるまでになり、当時からいかに京急は人気があったかを物語っている。

京急電鉄の歴史は長いだけに、関東大震災や戦争などをくぐり抜けてきたこともあって、資料などの焼失・散逸があるが、写真などは京急ファンが残した歴史的に貴重なものも少なくない。しかし鉄道趣味が市民権を得たとはいえ、満足する情報を得るには積極的な行動を伴い、一線を越えた世界に踏み込まなければならなかったので、まだまだ周囲から冷ややかな目で見られる存在であった。

これに変化が訪れるのは、平成に入り、１９９０年代後半から急速に普及し始めたインターネットによって、誰もが家に居ながらにしてリアルタイムに情報が得られるほか、簡単に情報交換が可能となったことだろう。もともと潜在的に鉄道への関心を持ちながらも躊躇していた人々を解放して広がりを見せ、その興味の対象も多様化した。メディアも好機に乗じて、旅行やグルメと絡めた鉄道ものを取り上げる機会が増え、女性も巻き込むことになった。

時を同じくして京急は創立１００周年を迎える時期にあり、最高速度１２０㎞／ｈ運転の開始、発車時にメロディーを奏でる２１００形電車のデビュー、羽田空港駅（現：羽田空港国内線ターミナル駅）の開業や、京急蒲田駅付近の高架化工事も本格化して、工事期間中の制約がある中での列車運行に京急ならではの工夫が行われたことなどが発信されて、注目を集めることになった。

特に、わずか１・４㎞の複々線での追い抜き、早業とも言えるホームでの増解結作業といった目に見えることや、ドレミファ電車のメロディー音といった耳で聞こえることなどが直接的なインパクトを与え、京急の人気が老若男女に広がっていったといえる。これらが、ほかの鉄道会社とは一味違う特異性を際立たせて、インターネットやテレビを通じて全国的に広まり、ファンを拡大させることになったと思う。また、日常的に利用する人たちにとっても、京急を再認識する機会となった。

コラム

## 京急が大好きで、その魅力を広く伝えた人

戦後の復興期から、京急の魅力を広く発信し続けた人物が社内外にいた。社内では技術系の役員を務めた日野原保氏、社外では報道を職業とした吉村光夫氏で、この二人が全国的に京急の認知度を高めることに大きく貢献した。鉄道も戦災復興から、停滞していた新技術の導入が旺盛で、カラフルな新型車輌が目白押しに登場し、お役所仕事と揶揄される国鉄すらも総裁自らサービスの向上を声にする前途洋洋とした時代であった。

### ●車輌へのイズムを持った日野原保氏

日野原保氏は、明治41（1908）年横浜生まれ。東京工業大学の前身である東京高等工業学校電機科を昭和4（1929）年に卒業した。当時は世界恐慌のあおりを受け、「大学は出たけれど」と言われた就職難で、京浜電鉄の実習生として無給で湘南電鉄デ1形の艤装《ぎそう》工事（車輌製造において車体に機器類を取り付ける工程）に携わり、晴れて昭和6（1931）年10月に京浜電鉄に入社した。日野原氏の専門は電気関係で、戦時中は電波探知機（レーダー）開発のため軍に徴用されていた時期もあった。

昭和27（1952）年、大正時代の京浜電鉄の技術者である曽我正雄氏にならい、単身アメリカ、カナ

700形（初代）の試乗会での日野原氏（右）と吉村氏［撮影：荻原二郎］

試乗会の列車内で気さくに話す日野原氏［撮影：吉村光夫］

ダの交通全般を4月から8月まで視察に出かけている。帰国後、電車部次長として4現示（4種類の表示）の速度信号機、日本初のCTC（列車集中制御装置）の導入、光電式自動踏切防護装置や最新技術の高性能車輌の投入を進めた。

その一方で昭和28（1953）年11月、国鉄技師長の島秀雄氏を会長に迎えた「鉄道友の会」の発足時に、理事として国鉄の星晃氏などとともに名を連ね、鉄道知識の理解と普及に努めた。鉄道友の会の見学会や撮影会のために特別に仕立てた列車に自らも趣味のカメラを片手に同乗し、会員の質問に答えたり、なじみの人と話をしたりして、自身も楽しんでいたようである。

車輌に対しては、ライトが1つの前照灯、片開きドアなどの独特のポリシーを持ち、これは日野原イズムとして語り継がれている。4扉ロングシート車の

700形（二代目）導入にあたっては、持論である自社車輌の片開きドアと国鉄車輌の両開きドアとを比較・検討するため、横浜駅で8ミリフィルムによる撮影を行い、乗降客の数と開閉時間を分析したことが語り継がれている。

日野原氏は、戸袋窓（ドアの収納部分の窓）が多くなる両開きドアを嫌い、車輌デザインにこだわりを持っていたことも、片開きドアに固執した一因であったと思う。艤装工事に加わって命を吹き込んだ湘南電鉄デ1形が京急230形として現役引退するのを見届け、それまで20年にわたり製造し続けてきた1000形（初代）の製造を打ち切り、新たに界磁チョッパ車800形を送り出して、昭和54（1979）年に副社長職を退任した。

その後、関連会社の東京電機の会長職を務めたが、泉岳寺にある会長室の書庫には海外の鉄道技術雑誌などの書籍をはじめ資料が天井にも届く書架に整然と並び、絹地に彩色された4輪単車車輌の図面を見せていただいたことがあった。

### ●親しみやすい情報発信を続けた吉村光夫氏

吉村光夫氏は、大正15（1926）年神戸生まれで、慶應義塾大学工学部を卒業して日本放送協会（NHK）に入局、鹿児島放送局に記者兼アナウンサーとして赴任した。昭和26（1951）年、ラジオ東京（現：TBS）の開局を期に東京に戻り、民放のアナウンサーに転身した。この頃、京急は春秋の行楽シー

800形のローレル賞式典での吉村氏

ズンに先駆けて、ハイキングコースに報道関係者を招待する広報活動が恒例となっていて、房総航路の船内で船酔いをしたうら若き女性を介抱する吉村氏を日野原氏が見かけたのが、二人が知り合うきっかけとなった。このうら若き女性は、吉村氏が同伴した新妻の康子さんだった。

吉村氏といえば、テレビが広く普及するきっかけとなった昭和34（1959）年の皇太子殿下と美智子さまのご成婚パレードを、民放は各局で分担してテレビの実況中継を行う中、出発地点の東宮御所前で実況アナウンサーを担当した。今でもこのシーンが放映されると、テロップに吉村光夫の名前が映し出される。また、番組宣伝の草分け番組「夕やけロンちゃん」では宣伝副部長の職にありながら、背が高い容姿から「ロングおじさん」「ロンちゃん」というニックネームを頂戴して、自ら番組MCを務めた。

鉄道ファンであり、特に京急に関しては、同社の広報誌に原稿を依頼されて応援や要望、特にスピードアップについて熱く語り、鉄道誌にも輸送力増強に対応する施策や新車の情報など独特な吉村調とも言える親しみやすい文章で発信し続け、自他ともに認める京急の「私設応援団長」として、まさに京急愛にあふれる方であった。鉄道友の会が年間優秀車輌に贈るブルーリボン賞やローレル賞で京急の800形（二代目）や2000形が受賞した時の式典では、持ち前の名司会で進行役を務めた。

鉄道模型製作でも、市販のキットを組み上げるのではなく、素材の金属板から切り出すスクラッチビルダーとして著名であった。その加工も常識にとらわれずに工夫が凝らされていた。京急の車輛は、自分の理想を取り入れたフリーランスなものも多く作られた。

日野原氏と吉村氏はお互いに第一線を退いた後も親交は続き、横浜市磯子区の日野原邸を訪れては鉄道談義に花を咲かせていたという。京急ファンの層が広く、厚くなったのは、会社とファンをつなぐパイプ役の方々の存在が大きかったと思われる。

# 第2章　歴史に見る京急電鉄のこだわり

## 大師電気鉄道の設立から120年

この章では、京急電鉄の歩んできた歴史をさかのぼってみたい。平成30（2018）年は、京急電鉄の前身である大師電気鉄道が設立されてから120周年という節目の年となる。川崎（六郷橋）と大師（川崎大師）間の桜並木が見事であった1マイル10チェーン（約1.8㎞）の大師堤の上を、長さ10ｍにも満たない2軸4輪の路面電車が時速8マイル（約12.8㎞）で走り始めてから、時代の変遷を経て、120㎞／hの高速で最大12輌編成の列車を数分間隔で頻繁運転を行うまでになった。まさに日本の電気鉄道の歴史と技術の発達とともに歩んできた電鉄会社なのである。

実際に電車による営業運転を開始したのは会社設立の1年後、明治32（1899）年1月21日の初大師の日であった。我が国では京都電気鉄道、名古屋電気鉄道に続く3番目の電気鉄道事業者であるが、日本初の国際標準軌間（新幹線と同じレール間の幅）の1435㎜を採用した鉄道であった。明治政府は鉄道導入に際して、外国人技術者の助言で1067㎜軌間（狭軌）を採用した。富国強兵策に従い鉄道の普及が急務で、工事費を切り詰め1マイルでも長く建設したい思いであったが、後に輸送力不足や高速化に苦労することになった。この時に開業していた先発電気鉄道2社の路線は、後に公営化され廃止となっているため、京急は現存する電気鉄道として路線が盛業している日本最古の老舗の電鉄会社である。

当時、電車は世界的に最先端の乗り物であり、旅客を乗せて走り始めてから十数年しか経ておらず、技術的にもまだ揺籃《ようらん》期にあった。日本では、初期の電気鉄道は輸送需要が見込める既成の市街地内やその周辺にある神社仏閣の参詣の足として起業されたものが多かった。ほとんどが道路上に敷設され低速で走る小規模なものであって、私設鉄道法（後の地方鉄道法）によらず内務省所管の軌道法による起業であった。蒸気機関車による旅客や貨物を長距離かつ大量に輸送する鉄道とは、別物という認識にあった。

しかし電気鉄道の可能性に着目した目ざとい起業家の中には、郊外に宅地の分譲や住宅販売を行い、自ら輸送需要を生み出して、固定的な利用者を獲得する手段とする者も現れた。これらの事業者は、点と点を結んで生まれた初期の電気鉄道に対し、郊外住宅地の開発を足掛かりに地域への広がりを形成し、そのほかの事業にも乗り出して、独自の経済圏を築き上げていった。こうして生まれた電気鉄道は多角的な事業の一部としてのほかに、公共性の高い電気鉄道事業を保有することにより、企業全体の信用性を高めるという位置付けも持っていた。

## 開業初期からライバルと競合

大師電気鉄道は、開業の年に京浜電気鉄道と改称して6年を経た明治38（1905）年12月、品川（八つ山橋南詰、現在の北品川駅付近）と神奈川（現在の神奈川駅と横浜駅の中間点にあった国鉄神奈川駅）間の京浜間を全通させた。途中用地買収などで手こずるうちに、都市間を結ぶ電気鉄道の開通としては、大阪と神戸を結ぶ後発の阪神電気鉄道に先を越されてしまった。

所期の目的を達成したとはいえ、東京、横浜両市街地の中心から外れ、全線にわたりほぼ並行して、国策による高規格で敷設された国鉄の東海道線が存在していた。京浜電鉄は規模や設備で劣勢にあり、全通当初から京浜間の旅客争奪の危機感にさらされ、スピード、サービス、運賃について、常に対抗意識を持つ状態に置かれていた。京浜電鉄も安定経営の手段として、電気鉄道の副産物の電灯用配電、土地分譲、住宅販売、遊覧施設やターミナルデパートの事業を手掛けるがあくまでも副業であり、対抗上の必要性もあって新しい技術を取り入れて開業した後発の電気鉄道に遜色のないよう、鉄道設備の高規格化への改良工事に心血が注がれた。

## 戦時下の大東急時代を経て

京浜電鉄は、昭和５（１９３０）年４月に開業した現在の横浜以南の路線を形成する湘南電鉄をはじめとして、三浦半島のバス路線網を関連会社として事業範囲を広げ、品川〜浦賀間の直通運転とともに三浦半島の交通網を手に入れた。

さらに東京地下鉄道（現在の東京メトロ銀座線浅草〜新橋間）と結び、都心部を貫通し浅草までの乗り入れを目指した。しかしこれが火種となって、東京地下鉄道と対立関係にあった東京高速鉄道（現在の東京メトロ銀座線新橋〜渋谷間）との確執に巻き込まれた。東京横浜電鉄（以下、東横電鉄。現：東急電鉄）の社長であり、東京高速鉄道の役員としても事業拡大に熱心な五島慶太氏によって、京浜電鉄は東横電鉄に経営主導権を握られ、昭和16（１９４１）年11月に京浜電鉄に湘南電鉄、湘南半島自動車が合併したのも束の間、戦時下の昭和17（１９４２）年５月に小田急電鉄とともに東横電鉄に合併され、いわゆる「大東急」の一営業局となってしまった。さらに昭和19（１９４４）年５月には京王電気軌道（現：京王電鉄）も合併され、国鉄中央線以南の大手私鉄が統合された。

終戦により状況は変わり、昭和23（１９４８）年に大東急は解体され、京浜急行電鉄として再出発する。しかし、戦前に築き上げた関連会社は、大東急合併時に資本力の大きかっ

**沿革図**　　［出典：京急グループ会社要覧 2017−2018］

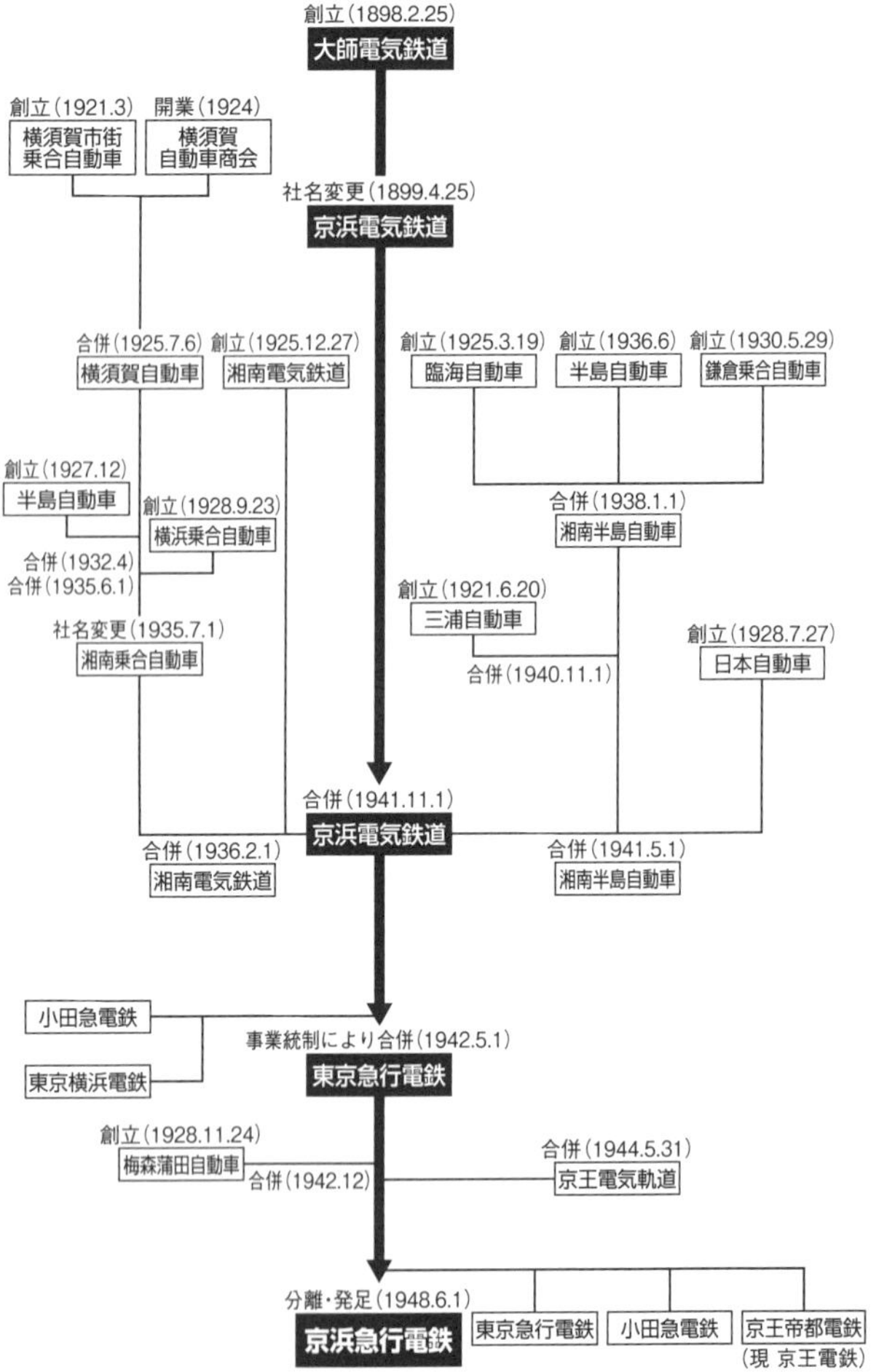

た東横系の企業に吸収合併されるなどして、関連会社を1社も持たない状態にあった。

今日の京急電鉄は不動産、レジャー・サービス、流通事業と多角的な京急グループを形成しているが、鉄道とバスといった運輸事業のみで再出発したことも、営業利益のうち交通事業の割合が高いことにつながっているのではないだろうか。

## 切磋琢磨を育んだライバルの存在

平成7（1995）年より、品川〜横浜間で快速特急の120km／h運転を開始した。これまでの京急は、スピードアップに向ける並々ならぬ思い入れがあった。

大師電気鉄道が川崎から南北に品川、神奈川を目指す京浜電気鉄道と改名したのは、川崎（六郷橋）〜大師（現：川崎大師）間の運転開始からわずか数カ月後のことだった。川崎から品川方面への路線は、第1期として川崎から国鉄大森停車場（現：JR大森駅）までの区間が明治34（1901）年2月に開業した。この区間は多摩川を仮の木橋で渡り、一部に現在の国道15号線となる旧東海道の上に敷設された併用軌道を有して、所々に急カーブや単線区間が存在していた。

続く大森から品川（八つ山）までの区間では、品川から東京電車鉄道に乗り入れることも考慮して、既存区間も含め、軌間を１４３５㎜から１３７２㎜に改めた。この区間の道路併用軌道区間はなくなったが、旧品川宿の町裏を旧東海道に並行して建設したため、用地買収が難航し、明治37（１９０４）年５月の開業当初は一部に単線区間があった。

さらに明治38（１９０５）年12月に、京浜間で残された区間を川崎から神奈川まで全線にわたり、複線専用軌道として極力直線で開通させた。こうして品川（八つ山）〜横浜（神奈川）間が全通し、名実ともに京浜間の電気鉄道となった。

しかしながら、途中、二十数駅に停車し、一部に急曲線や道路上を走る併用軌道区間のある路線であることに加え、全通当時は品川からと神奈川からの路線はともに大師方面に向けられていたので、接続の川崎（六郷橋）では品川〜神奈川間の直通列車はスイッチバックとなるなど、所要時間は1時間近くかかった。

片や国鉄は、直線で高規格の路線を蒸気機関車で牽引する列車で、品川〜神奈川間を途中、大森、川崎、鶴見の3駅で走る列車に加え、京浜電鉄開業に対抗して1日に数往復、快速列車の運転を始めた。これは当時俊足を誇った蒸気機関車を使って京浜間を26分という驚異的なスピードで走ったが、いささか気負いすぎたか、間もなくスピードをダウンした後、１日数本では利用しづらく快速運転を取りやめた。その一方で、指定列車割引運賃列車として京浜間労働列車を運転して、運賃での対抗策を講じてきた。

国鉄には速度で勝ち目のない京浜電鉄は、電車の特性で7～8分間隔の頻繁運転と往復運賃割引を行って立ち向かい、数多い駅によってこまめに集客を行い、多くの旅客を獲得することができた。また、六郷川橋梁を鉄橋として新設し、現在の本線となる雑色《ぞうしき》～京急川崎間を結ぶ短絡線を建設したことにより、六郷橋でのスイッチバックを解消して運転時分の短縮を図った。

当時の軌道法による規制で、道路上を走る併用軌道区間は開業時の時速8マイル（12・8㎞）、大型のボギー車輌の連結運転は禁止されていた。しかし当時の車輌には速度計はなく、速度違反はかなり常態化していたようである。社内報のOB回顧談によるとかなり猛者の運転士もいたようで、全通当初は路線バスのように「お声がなければ通過します」といった随意停車を行っていたこともあって、乗客からは並行する国鉄の姿を見ると「行け、行け！」と声援が沸き上がり、途中「満員ですので通過します」といった口実で客の待つ駅を通過し、抜き去ると車内に歓声が上がったというエピソードも語られていた。この時代から、京浜電鉄のスピードに対する利用客の期待感が芽生えていった。大正2（1913）年、ようやくボギー電車については新設軌道での最高運転速度を時速25マイル

（40㎞）とする許可を得た。だが、２軸４輪小型車は時速17マイル（27・２㎞）とされた。

## ライバルのリベンジで大打撃

しかし、京浜電鉄が優位にあったこの競争に一石を投じたのが、大正３（１９１４）年12月の国鉄京浜線電車の開業である。紛らわしい名称だが、現在のＪＲ京浜東北線である。京浜線電車は、15分間隔で東京～横浜間を45分で走破した。ところが開業当日にトラブルが続出、いったん運転を休止して翌年５月に再開した。

当時、京浜電鉄は７分間隔で品川～神奈川を45分で運転していたが、両端のターミナルである品川、神奈川での市街地中心部への接続で不利な状況にあった。この国鉄のリベンジによって京浜電鉄は大打撃を受け、旅客は半分程度に激減した。こうして京浜電鉄は、市街地中心部への乗り入れと専用軌道化により運転保安設備の向上を図り、スピードアップと連結運転による輸送力増強の必要性を痛切に感じたのであった。

大正12（１９２３）年、最後に残った道路上の併用軌道区間の梅屋敷～雑色間の専用軌道化が完成し、京浜本線は全線が専用軌道となった。大正14（１９２５）年には、信号機も係員の手動操作から段階的に改良され、高速頻繁運転に対応できる現在の信号設備と基本的に同一方式の自動閉塞信号装置が設置された。また同年3月に八つ山橋南詰の品川駅（初代）から延伸し、国鉄品川駅前に高輪駅を開業、昭和5（1930）年2月には関東大震災以降移転して開業した国鉄横浜駅（三代目）に乗り入れ、両都市中心部への接続の改善が行われた。

昭和6（1931）年12月に横浜～黄金町間が開通し、前年4月に開業していた湘南電鉄の路線である黄金町～浦賀間、金沢八景～湘南逗子（現：新逗子）間と接続運転が始められた。この時点で軌間は京浜電鉄が1372㎜、湘南電鉄は1435㎜で、横浜駅の同一ホームでの乗り換えであった。

昭和8（1933）年4月、京浜電鉄は高輪駅を廃止して、国鉄品川駅との共同使用駅とした品川駅を開業した。また同時に、創業当時の1435㎜軌間に復し、湘南電鉄との直通運転が始まり、京浜電鉄と湘南電鉄を1本として、品川起点にこれまでの横浜までから、三浦半島に至る国鉄横須賀線と競合することになった。さらに昭和11（1936）年、途中駅に追い抜き設備を設けることにより本格的な急行運転を開始した。こうして戦後の緩急結合運転の礎がすでに作られ始めていたのである。

## 湘南電鉄は横須賀線がライバル

先に述べたように、横浜から先の三浦半島にかけては、湘南電鉄が国鉄横須賀線と競合関係になった。湘南電鉄は昭和5（1930）年4月に、横浜以南の路線を形成する黄金町〜浦賀間と金沢八景〜湘南逗子（現：新逗子）間を開業。一方の横須賀線は、三浦半島の軍都横須賀と東京、横浜を結ぶ鉄道として、明治22（1889）年7月の東海道本線新橋〜神戸間の全通を前に、大船〜横須賀間が6月に開業して蒸気機関車牽引による列車が運転されていた。

三浦半島を一周する鉄道建設は、その後何度か計画されたが実現に至らず、大正期に設立された湘南電鉄が京浜電鉄と関係を持つことになり建設にこぎつけたものである。これにより現在の京急の路線の姿ができあがったが、京浜は電圧600V、軌間は1372㎜、湘南は1500V、1435㎜と異なる規格であった。

湘南電鉄開業時は横浜〜黄金町間が未成であったが、バス連絡をしたのち昭和6（1931）年12月、京浜電鉄の延長線として600V、1435㎜で開業した。600Vと1500Vとの切換は黄金町〜南太田間に設けられ、2つの異なった電圧区間を通して走ることのできる湘南電鉄の複電圧対応車輌により、軌間の異なる横浜駅を境にした京浜と湘南の接続運行が開始された。さらに昭和８（１９３３）年４月、現在の品川駅開業と同時に京浜電鉄の軌間をかつての１４３５㎜に戻し、品川から浦賀までの直通運転が始められた。

国鉄の電車は、すでに電車運転をしていた甲武鉄道を買収して中央線としたのが始まりである。その後、山手線を電化、引き続き京浜電鉄に大打撃を与えた京浜線（現・京浜東北線）を開設していたが、いずれも都市部の範囲にとどまっていた。

大正期に国内の石炭の需要増よる供給不足と価格高騰が深刻となり、最大の消費をしていた国鉄が削減策として鉄道電化推進を打ち出した。東海道線、横須賀線の電化を行い、電車運転が計画され、中距離（当時は長距離と呼んでいた）電車の設計・製造も始められていた。

そうしたところに発生したのが、関東大震災である。これによって多数の電車が被災し、その復旧のために製造中の中距離電車は設計変更され、都市部の電車として使われることになり、東海道線東京～国府津《こうづ》間とともに、旅客輸送は電気機関車牽引の列車に変更されていたのである。

ところが湘南電鉄開業の半月前、昭和５（１９３０）年３月15日に、横須賀線は専用車輌やホームのかさ上げなど準備も整わない見切り状態で、各線からの寄せ集め電車で電車化が行われた。名目は、中央線八王子〜甲府間電化のため、横須賀線で使用している電気機関車を転属するものであったが、明らかに湘南電鉄を意識した電車化開業であった。

### 戦前は不利な状況にあった湘南電鉄

横須賀線の専用電車は、車体長を従来の17mから20mに延ばして定員増を図るも、モーターを付けた電動車の設計が間に合わず、電動車は17mのまま、モーターのない付随車のみ20mとした専用車が、電車化された年の秋から姿を現した。

車輌は二等車（現：グリーン車）、三等車（現：普通車）などに加えて、葉山の御用邸や軍籍のある皇族の横須賀への往来に特別車輌が配属された。これにより東京〜横須賀間は90分から68分に、運転間隔も1時間ごとから30分ごとに短縮。基本編成に付属編成を連結して4輌から7輌編成の一貫性のあるデザインに統一された電車が走り始めた。

片や湘南電鉄は、日中の閑散時はデ1形による1輌、朝夕は2輌連結の運行で黄金町〜浦賀間を45分で走り、14分ごとの運転であった。何よりも、黄金町でほかの鉄道との接続がない状態で開業したため、新規開業の物珍しさと初乗り期間が過ぎると、旅客は激減、雨の日ともなると惨憺たるものであった。

しかし、昭和6（1931）年12月には横浜までの京浜電鉄連絡線開業、昭和8（1933）年4月には京浜電鉄の軌間が1372㎜から1435㎜に変更となり品川駅までの直通急行運転を開始。さらに昭和11（1936）年には途中追い抜きを行う本格的な急行運転を始めて品川～浦賀間を81分、翌年のダイヤ改正で品川～横浜間を急行で32分に短縮したのが戦前の最高水準であった。利用客は、きな臭い戦時色が漂い始めると増加に転じ、経営は好転していった。

## 都心乗り入れへの熱き挑戦

明治38（1905）年12月、旧東海道品川宿の北端に位置する八つ山橋南詰から、国鉄神奈川駅までの京浜間の全通を見た京浜電気鉄道であったが、東京、横浜とも中心地を外れた外郭に達した状態にあった。両市街地の中心には、すでに東京には馬車鉄道から転身した東京電車鉄道、東京市街鉄道、東京電気鉄道の3社が、横浜には横浜電気鉄道の路面軌道が路線拡張を行っていた。

当時アメリカでは、インターアーバンと呼ばれる電車鉄道が、都市間では高速で走り、市街地は路面軌道に乗り入れ、電車鉄道が隆盛を極めていた。京浜電鉄もこれにならい、両都市中心部へ既設路面軌道による乗り入れをもくろみ、我が国では初採用であった1435㎜の線路幅を、これら両市街路面電車が採用していたいわゆる馬車鉄道の線路幅1372㎜に改めて臨んだ。しかしなかなか実現に至らず、そうこうしている間に両都市の路面軌道の私鉄は市営化が行われ、東京に至っては市内鉄軌道事業を市営電車に一本化する政策により、山手線が城郭のようになって郊外私鉄の中心市街地乗り入れは不可能となった。こうしたことが、現在の私鉄と山手線が結節点となった新宿、渋谷、池袋などのターミナル駅として、それぞれに街の発展をもたらすことになった。

京浜電鉄の場合は、東京の市域と郡部の区境に沿って五反田、青山に至る路線などの免許申請も試みたが、品川駅（初代）から八つ山橋を越え、一部東京市電の線路を共用して国鉄品川駅と道を挟んだ、現在のウィング高輪WESTがある地にターミナル駅の高輪駅を大正14（1925）年3月に開設した。しかしそれから先への市電乗り入れは認められず、逆に市電は北品川まで乗り入れてきたので、新橋、銀座に向かう旅客は北品川駅で市電に乗り換え、高輪駅は素通りという状態になって思いは外れてしまった。

すでに本場アメリカのインターアーバンは自動車の台頭で衰退期を迎え、日本でも関東大震災の後、都市部に地下鉄建設の計画が生まれ、京浜電鉄も都市部の路面軌道から地下鉄に乗り入れる方向へと転換していく。震災以降計画された五反田〜押上間の地下鉄道に直通させるため、京浜蒲田（現：京急蒲田）から五反田に向かう延長線などを計画したが、地下鉄計画の実現性や池上電鉄（現：東急池上線）との競合もあり断念。高輪駅を廃して国鉄品川駅に沿った新駅を開設して北進する機会をうかがっていた。

ここに、浅草から上野、日本橋、銀座のいわゆるゴールデンルートを経由して新橋に向けて建設してきた東京地下鉄道（現：東京メトロ銀座線）と新橋で結び、湘南電鉄の浦賀から浅草までを直通運転する壮大な構想が浮上した。京浜地下鉄道を京浜電鉄、湘南電鉄、東京地下鉄道の3社で設立し、開通後は3社が合併するというシナリオまで考えられていた。しかしこれが、先にも述べたように命取りになって、鉄道省官僚出の辣腕経営者である東横電鉄社長の五島慶太氏による乗っ取り劇へと発展した。こうしてインターアーバンに次いで、ゴールデンルートの地下鉄乗り入れの夢も潰えてしまったのである。

戦時下、陸上交通事業調整法の名のもと、東京地下鉄道と東京高速鉄道の路線は帝都高速度交通営団（以下、営団地下鉄。現：東京メトロ）に一本化されたが、戦後の復興にあたり各私鉄は独自に新たな地下鉄路線の免許申請を行い、京急も品川から東京駅八重洲口

都心乗り入れ開業の前日に行われたテープカット［撮影：杉山裕治］

を結ぶ路線の申請を行った。

これらの動きに、運輸省（現：国土交通省）は調整にあたり都市交通審議会を設置し、地下鉄は営団地下鉄に東京都を加えた2事業者で建設を進めることになり、各私鉄の免許申請は認めず、郊外私鉄との相互直通運転を軸にした路線の策定が行われた。

都心乗り入れのため、押上から有楽町を目指していた京成電鉄と結んだ1号線（現：浅草線）を東京都が建設することになった。建設は隅田川の下をくぐる押上側から始まり、部分開業を重ね、当初は昭和39（1964）年の東京オリンピック開催に間に合わせる計画であったが、途中計画変更による工事中断を経て完成は遅れ、泉岳寺まで到達。京急が建設した品川～泉岳寺間の連絡線と直結したのは、昭和43（１９６８）年6月21日であった。実に創立から70年間、紆余曲折と挫折を味わいながら、京浜電気鉄道時代から夢見た都心直通運転の悲願が達成されたのである。

## 羽田空港へのいばらの道

現在ドル箱になった空港線の歴史は古く、川崎から東京方面を目指し第１期として六郷川を渡り、官設の大森停車場（現：ＪＲ大森駅）までを開業した後、明治35（１９０２）年6月に蒲田から分岐して穴守までを、穴守線として開業したのが始まりである。

京浜間の開業を目指していたものの、穴守稲荷参詣の旅客を見込んで、安定収益の見込める門前鉄道を捨てきれずにいたことがわかる。終点の穴守駅は当初、穴守稲荷神社の１㎞も手前の海老取川の西岸にあったが、その後架橋して参道入口まで延長した。稲荷社の参道には旅館や料理屋が軒を連ね、周囲には宮内省の鴨狩場があり、海辺の干潟は海水浴や潮干狩りなどに最適でかなりの集客があった。京浜電鉄も旅客誘致として遊園地や海水を使ったプール、競馬場、運動場などを作り、今でいうレジャーランドの賑わいがあった。

昭和６（１９３１）年に東京飛行場が作られたことにより、戦後、羽田の運命が大きく変わることになった。昭和20（1945）年9月、敗戦により進駐してきた連合国軍総司令部（GHQ）が羽田の飛行場の拡張を指示した。穴守稲荷社をはじめ、賑わっていた門前町の住民すべてに48時間以内の強制立ち退き命令が出た。約3000人の住民は着の身着のままで住み慣れた街を追い出され、一柱の鳥居を残してブルドーザーで神社も家屋も穴守稲荷駅もすべてを更地にして、飛行場建設が始められた。穴守線も海老取川西岸までに短縮され、残った路線も1本を国鉄蒲田駅から羽田エアベースの建設工事用に接収され、途中で行き違いもできない単線運転になってしまった。

昭和27（1952）年に講和条約が発効され、日本は独立を回復して羽田空港も民間航空用の空港になり、穴守線も複線に復した。しかし撤去された路線は復活されず、羽田空港には程遠い、2輛編成の古い小型の車輛が走る下町のローカル線であった。

昭和39（1964）年の東京オリンピック開催に向け、都心とのアクセスにモノレール、高速道路とともに穴守線の延長の要請があった。だが、当時京急は長年の悲願であった都心乗り入れ工事、京浜川崎駅（現：京急川崎駅）付近の高架化、久里浜線の延長、新車輛工場の建設と輸送力増強に専念していたこともあり、穴守線を空港線と改称したもののそれに応えることができなかった。

このことが後々、羽田空港を沖合に拡張して建設される新ターミナルビルまでの京急の延伸工事申請について、関係官庁の冷ややかな対応を受けることになった。しかし、モノレールだけでは輸送力不足となることは目に見えており、粘り強く交渉を行った結果、ようやく認可が得られたものの、その開業はモノレールを優先するなどハンデが課せられていた。こうして、都心乗り入れに続いて悲願としていた羽田空港アクセスを実現したのである。その思い入れがあればこその列車運行は今、利便性を図って、品川、横浜への２方面へ、八面六臂で空港への足を担っている。

## 戦後復興への決意と京浜急行電鉄の発足

戦前の京浜電鉄の時代から、すでに途中追い抜きをする急行運転を行っており、緩急結合運転が芽生えていたが、大東急への統合を経て戦時体制によって急行運転は廃止され、施設も荒廃して終戦を迎えた。そして昭和23（１９４８）年6月、大東急から分離し、京浜急行電鉄、小田急電鉄、京王帝都電鉄（現：京王電鉄）が発足した。

先にも述べたように、京急電鉄は関連企業を持たず運輸事業のみでの再スタートであった。この時まさに「京急魂」と呼ぶべき、復興への決意とも言える車内ポスターが掲げられた。「懐しの快適な電車・バスに!」と題して、「皆様の忘れ難い京浜・湘南が京浜急行として六月一日から復活致します。長らく御迷惑を御掛け致して居りましたが、今度《このたび》品川線、湘南線及び沿線バスが東京急行から帰り再び想い出の京浜・湘南の快適な電車・バスを走らせ様と従業員一同張切って居ります。どうぞ一層の御愛顧・御支援を御願い申上げます。」という一文を掲出した。しかしながら、社名に急行が加わったものの急行列車はなく、看板に偽りありで、疲弊した施設や車輌により、品川〜浦賀間は2時間近くかかる普通列車のみによる運転であった。

## 行楽輸送と緩急結合運行への変貌

昭和20年代後半になると、庶民は日々の暮らしにいくらかの余裕を取り戻してはいたが、箱根や日光といった温泉や観光地に1泊するような旅行はまだ高根の花で、休日の日帰りで春・秋は近郊の海浜や丘陵のハイキング、夏は海水浴に出かける程度が一般的であった。三浦半島は、こうした身近な行楽地として最適であったことにより復興が加速した。

こうした戦後の復興期に再スタートを切った京急は、鉄道とバスの運輸業で通勤輸送と行楽輸送の2本柱をもって立ち向かい、施設の復旧と改良を進め、速達列車が普通列車を追い抜く待避設備を持つ駅を増やし、緩急結合と呼ばれる運行に変貌していった。緩急結合運転により、スピードアップと快適性を実現していき、最高運転速度認可は昭和25（１９５０）年に80㎞／h、昭和28（１９５３）年に90㎞／ｈへと上げられた。また、季節による輸送形態の変化に対応するため、細やかに列車ダイヤを変更し、年間にダイヤ改正を5～6回行うことも少なくなかった。これも年末年始、春・秋、海水浴用といったパターン化したダイヤを毎年使うのではなく、着々と進められていた施設改良や車輌の増備などを反映させて毎回新しいダイヤが使われた。

まだすべてが整わない状況とはいえ、改正ごとにスピードアップが行われて活気があったが、運転関係者にとってはようやく新ダイヤに慣れた頃に改正が行われるという大変な時代であった。そして利用客も目まぐるしく変わるダイヤに鍛えられて、京急通になっていったのかもしれない。

この時代の華は、休日の不定期特急で「ハイキング特急」と呼ばれた列車があった。電車とバスで三浦半島や、東京湾航路を経由して南房総を回遊する乗車券で乗ることができ、赤と黄色に塗り分けられたロマンスシートの新車５００形が使われ、それぞれに三浦半島の景勝地などの愛称が付けられた。行楽輸送は天気次第であり、運休や編成輌数の増減が柔軟に対応できた時代である。このうちゴールデンタイムの下り列車数本を、途中駅無停車のノンストップ列車とした。運転開始の昭和27（1952）年当時は、途中駅のホームの長さが80m程度の4輛停車の駅がほとんどで、品川駅すら6輛編成となるとはみ出して停車する有様であった。それなら停めないで走らせようというのが京急らしい。しかし停めないのはいいが、前の普通列車に追いついてノロノロ走ったのではハイキング特急らしくないということで、追い抜き設備のない駅での追い抜きを行った。黄金町駅では先行の下り普通列車が乗客の乗降を終えると、浦賀方のわたり線（上り線と下り線を結ぶ線路）を使って上り線に入れ換えて停車。そこを下りハイキング特急が走り抜け、その後普通列車は再びわたり線を使って浦賀方に向かって発車していくといった具合で、列車の運転本数が今ほど多くなかったのと、わたり線が各所にあった当時は可能であった。

創立60周年を迎えた昭和33（1958）年には、普通列車を追い抜く待避駅がほぼ等間隔に設けられ、100km／h運転が認可された。定期特急列車の表定速度（ある区間の走行時間と途中駅の停車時間の合計でその区間の距離を割ると求められる）は品川〜浦賀間で52・5km／hに達し、自ら「画期的スピードアップ」と呼ぶ驚異的な速度向上が短期間で実現した。

100Km/h運転が認可された昭和33年の「画期的スピードアップ」を告知する看板［撮影：吉村光夫］

ちなみにこの時運転されていたノンストップハイキング特急「第二房総」号は品川〜浦賀間（55・5㎞）を48分で走破した。休日の2列車だけであったが、今では日中の快特が品川〜京急久里浜間（56・8㎞）を途中10駅に停車して53分で走っていることを考えると、かなりの俊足であった。

## 通勤輸送は緩急結合ダイヤの真骨頂

戦後復興から高度成長期に突入する昭和30年代は、施設の改良が輸送量増加に追い付かず、鉄道各社ではラッシュ時の混雑が深刻な状況にあった。こうした時代、京急では列車の増発とともに、運転時分短縮が図られた。既存の設備を最大限に利用して、朝夕のラッシュ時には追い抜き設備のある駅で普通列車が特急と急行の2列車を待避するという芸当も行われた。

京浜川崎駅（現：京急川崎駅）の朝の上りでは、先着の普通列車が乗客を乗せたまま引き上げ線に入り、そのあと到着する急行、特急をホームの両側に振り分けて停車させ、先着の急行が特急の後発として発車すると、普通が引き上げ線からホームに戻り改めて発車するという、列車の順番をすっかり入れ換えてしまう方法がとられていた。

さらに、特急停車駅であった頃の子安駅でも、夕方の下りでは先着の普通をホームの後ろ側に停車させ、次着の急行を入れ換えて普通の前方に停車させ、後着の特急が同一ホームの反対に停車して乗客の乗り換えを行い、特急、急行、普通の順に発車するなど、速達列車のスピードアップと普通列車との乗り継ぎの利便性が図られていた。驚くべきは１、２本の特定列車ではなく、ラッシュ時間のダイヤパターンで繰り返し行われていたことである。まさに緩急結合ダイヤの真骨頂である。

こうした実績は、近年の横浜方面からの羽田空港アクセス列車や、夜の金沢文庫駅で浦賀行と新逗子行の普通列車を同一ホームに縦列停車させて、下りの快特の乗客はホームで待たずに乗り換えができた（金沢八景が快特通過の頃）ことなどに受け継がれている。１分でも早く目的地に着きたい、家に帰りたいという利用客の気持ちに応えており、今やたら耳にする「おもてなし」の利用客目線に立った心配りは、京急電鉄ではずっと続けられており、当たり前と思われているところが京急のクオリティーの高さである。

足らぬ、足らぬは工夫が足らぬ、足らぬところは頭を使えとばかり、「ダイヤに引けないスジはない」というのが、京急のスジ屋（ダイヤ作成を担当する社員）の伝統だそうである。実現不可能と思われる着想も１００％の解決を急がず、残りを次回の改正に委ねる。

この繰り返しがやがては実現に到達する。これが京急ならではのダイヤ作りに生かされている。

こうして振り返ってみると、都心直通や羽田空港への延伸など、さまざまな挫折と困難を跳ね返しながら実現に導いた「京急魂」と呼ばれるチャレンジ精神で立ち向かってきた歴史が、独特な社風を育んできた一因になっていると思われる。そしてそれが、人々の琴線に触れる鉄道会社なのである。

# 第3章　信頼をつかむ柔軟な運行

## 「いっとけダイヤ」に寄せる信頼

鉄道の信頼は、安全と定時運行が基本である。毎日決まった時間に列車が来て、決まった時間に目的地に着く、日々この繰り返しである。日本の鉄道は、世界一正確に運行していると言われる。その一方で、鉄道事故というまで深刻な事態ではないにしても、毎日のようにどこかで通勤時間帯に遅延情報が流れている。事故や故障をトラブルとか点検といった、責任を回避または曖昧にするような文言に置き換えた報道を耳にすることが多くなり、回復までに時間を要するケースも目立っているように感じる。車で出かけるときは時間に余裕を持つようにと言われていたが、鉄道でも同じように考えなければならないのだろうか。

一つには、自然災害や人為的な原因で列車の運行が阻害された時、逆に高度にシステム化された運行管理により、その立ち直りに時間を要するようになったと言える。1カ所の運転阻害によって数十kmから100kmに及ぶ全線を止めてしまう対処は、利用者にとって、理由は何にせよ最大の迷惑である。鉄道の場合は、航空機や高速バスのように乗客全員が着席した状態にはなく、不運にも駅間で立ったままの姿勢で車内に長時間閉じ込められるのは苦痛である。駅で運転の再開を待つにしてもアナウンスが聞こえず、状況が満足に把握できなければなおさらである。

　こうした現状の中で、京急の対応は一部で「いっとけダイヤ」と呼ばれているように、不通区間を極力短区間にとどめ、運行できる区間での折り返し運転に切り替え、可能な限り運行可能な区間を確保する。沿線利用者も「行ける所まで行けばそのうち再開する」と復旧の早さを期待している阿吽の呼吸があるので、大した混乱も起きない。降雪、風雨などの気象状況に対しても、もちろん徐行運転など安全を確保しながらではあるが、安易に間引き運転や運休とせずに運行を続ける姿勢が、地域の足としての信頼を得ていると言える。

　戦前の京浜電鉄では、沿線学校の遠足などには臨時列車や増発運転などで対応し、各所で折り返し運転ができるように、下り線と上り線の線路を結ぶわたり線が設けられていた。また万一、不通区間が発生するとそのわたり線を使って折り返しを行い、沿線地域の輸送を大切にして影響を最小にとどめ、列車運行の確保に努めていた。現在では列車の高密度運行、高速化により、分岐器による減速を要することのあるわたり線は必要最小限度にとどめ廃止されたが、列車運行への思想は連綿と受け継がれている。

## 東日本大震災にもフレキシブルに対応

平成23（2011）年3月11日に発生した東日本大震災では、京急は翌日から運転を再開したが混乱が続き、0号ダイヤと呼ばれる災害時の列車運行を基本として、特急と普通の2種別の列車運行に品川〜羽田空港間のエアポート急行を加え、実施した。

私は書籍の編集作業で外出中に震災に遭い、余震の続く中で帰宅できず、翌日夜にようやく京急川崎駅から特急で帰宅できたが、意外に車内はすいていた。その翌日の朝は、液状化が発生した東京・江東区のデザイナーのもとへ出かけたものの、休日のためか、混雑もそう激しくなく目的地まで大した遅れもなく到着できた。結局翌朝まで作業は続き、帰宅の際に乗った京急の車内では、JRが運転を取りやめるとの放送が入り、京急も振替輸送でパンクすることが予想されるため運転を取りやめとすることがわかったが、当時運転されていた金沢文庫まではたどり着いた。その先は、横須賀方面追浜行のバスの長蛇の列に並び、超満員ながら乗ることができた。追浜からは地元の知恵で、駅への戻りタクシーを捕まえてようやく帰宅した。

震災の数日後からは、計画停電が実施されるとともに節電が強く求められるようになり、各鉄道会社は列車本数の削減を余儀なくされた。京急では多様な編成輌数の車輌を備えていることから、列車そのものの削減を極力減らし、編成輌数を減らすことで対応した。これにより極端に運転間隔が広がることなく、待たずに乗れる状況を確保した。

## スピードアップへの執念

昭和32（1957）年3月、京急は特急の終日20分間隔運転を始めた。横須賀方面から都心方面への旅客の流れを、横浜での国鉄乗り換えから、品川乗り換えに変え、収入を確保したいという強い願望によるものであった。これは、工都川崎の発展を背景に、それまで川崎通過としていた横須賀線が朝夕ラッシュ時から川崎停車の時間帯を徐々に広げていたことに危機感を感じていたからである。横須賀線は昭和34（1959）年、日中30分間隔から15分間隔に運転間隔を短縮し、翌年にはついに川崎に全列車停車とした。京急の特急は当初日中2輌編成もあったが、1000形（初代）の大量増備もあり、4・6・8輌編成となって京急の基幹列車に成長していった。

昭和42（1967）年3月に最高運転速度を105㎞／hに上げて以降、平成7（1995）年4月に120㎞／hに向上するまで、最高運転速度の向上は行われなかった。しかしその間に生まれた快速特急は、品川～京急久里浜間で10分超の、品川～横浜間でも5分の運転時分が短縮され、実質的なスピードアップが行われていた。これらは、高架化や地道な曲線緩和など設備改良による制限速度の解除、在来車輌の性能統一と改良、高加減速に優れた新車の投入によってもたらされた。

この中で京急らしい実例として、昭和53（1978）年3月のスピードアップがある。最終的な目的は、ラッシュ時の速達列車のスピードアップであった。それに対して、旧型の小型車輌である230形の引退と、加速性能の優れた新形車輌の4扉ロングシート車800形（二代目）の投入に時を合わせ、まず普通列車の運転を旧型車の性能基本から、元祖4扉ロングシート車である高加速の700形（二代目）3輌編成の性能基本に変更した。

緩急結合の京急のダイヤでは、速達列車の間を走る普通列車は、先行する速達列車の後を各駅に停車しながら追い、次の待避駅まで後ろから迫る速達列車を逃げ切る厳しい性能が要求される。この運用では、高加減速性能に優れ当時万能を誇っていた1000形（初代）も投入され、駅ごとに高加速、高減速を繰り返した。当時の電車は走行用のモーターを減速の時にブレーキ力として使用するため、発電機として、走行している電車の運動エネルギーを電力に変え、床下に装備した主抵抗器によって熱に変換して大気中に放熱していた。このため主抵抗器の上の床は熱を帯び、乗降の際にはホームと車輌のすき間から熱風が吹き上がってきたのを覚えている。これは、京急の普通列車の運転がいかに過酷であったかを物語っている。

まずは速達列車の道を空けるため、普通列車の速度を上げて、乗務員がその運転に慣れる期間をもって、約半年後に速達列車のスピードアップが行われたのである。そうして旧性能車は、運転時分に余裕のある急行運用に転用した。

## 急行が消えていた12年間

平成10（１９９８）年の夏、数十年間慣れ親しんだダイヤパターンを大幅に変える大英断がなされ、速達列車の中間層となる特急と急行を廃して、列車種別の単純化を行った。いわば部課長職をなくして社長と平社員だけにするリストラであった。特急は快特に、急行は普通に変えてしまったのである。これには、特急、急行停車駅の利用者が既得権を失うことになり、一部の駅利用者により署名運動が起きるなど不満の声が上がったのも事実である。

そこで、普通列車を後続の快特に併合することにより、乗り換えなしに快特を利用でき

複々線区間で普通列車を追い抜いて金沢文庫で後部に増結
(右の普通列車は増結に備えて、すでに「快特」の表示)

るようにしたり、普通列車の10分間隔運転を元の急行と合わせて10分に2列車の運転にしたりする対応が行われ、ほどなく沈静化した。

これにはまず、これまでの金沢文庫〜金沢八景間の上り線の複々線に加えて、下り本線に隣接している金沢検車区の構内線を下り副本線として転用することにより、上下複々線にした。

そして、平成12(2000)年7月から、土休日の品川駅までの快特は、浦賀発または新逗子発の先行する4輛編成の普通列車を金沢八景〜金沢文庫間の複々線区間で追い抜き、金沢文庫駅で8輛編成の快特の後部に増結して12輛編成とした。

また、下り快特は金沢文庫駅で後部4輛を浦賀行または新逗子行の普通列車として分割し、乗り換えをせずに快特を利用できるよう、日中は特急停車だった駅の利用者への救済策とした。下り方では快特から分割した普通列車と、行き先の異なる普通列車を金沢文庫駅で同時発車として、乗り換えによる時間の短縮が図られた。

列車種別を単純化したとはいえ、特急はラッシュ時間帯に従来どおり運転されていたし、羽田空港に乗り入れてくる他社からの列車には急行の種別が残されていた。廃止された京急線内の急行は、長年の間に利便性を優先してそこここの駅に愛想よく「臨時停車」の名のもとに時間を限って停車駅を増やして、停車しない駅を数えたほうが少ないくらいになっていたのも事実である。

京急蒲田駅付近の高架化が完成に近づき、平成22（２０１０）年5月に横浜方面から羽田空港へのアクセスとして「エアポート急行」が新設され、約12年ぶりに再び急行が走ることになった。しかしその停車駅は、羽田空港への利便性を考えて他社線との接続駅などが選ばれ、かなり変更となった。特に京浜間では工場勤務者の足として生麦や子安など京浜電鉄の頃からのなじみの駅が外され、湘南電鉄の起点駅であった黄金町や、京急富岡のように隣の能見台《のうけんだい》に停車を持っていかれるなど悲喜こもごもである。これが、継続して急行運転が行われていて、突然停車駅を変えたのであれば、急行廃止の時以上の反発が生じたであろうが、十数年という時代の経過があり、すんなりと受け入れられた。これを計算の上で、時代にそぐわなくなった駅から時代に即した駅へ「ご破算を願いましては」と停車駅の変更を行ったとしたら、京急も大したものである。

## あの「快速特急」の登場

昭和43（1968）年6月、都営浅草線との相互直通運転を始める時、それまでの特急10分間隔運転のうち1本おきに浅草線直通の特急とした。残った品川発の特急は、停車駅を途中京浜川崎（現：京急川崎）、横浜、上大岡、金沢文庫、横須賀中央の5駅停車に整理し、京浜久里浜（現：京急久里浜）行の「快速特急」として速達性を高めた列車とした。

検討段階では、取締役会でも京浜間で京浜川崎のみの停車について危惧する意見もあったという。また列車種別名も「超特急」とするような案もあったようだが、「快速特急」で落ち着いたという。しかしこの危惧は杞憂に終わり、速達列車の人気は上々で、浅草線直通の特急と品川発の快速特急は、交互運転のパターンでその後の京急のダイヤの基幹列車となった。当初は6輛編成の運転で、後に8輛編成となり、また運転時間帯を広げていった。

ところで快速特急のシンボルカラーは地味な緑色だが、この緑色は実はお下がりの色なのである。昭和30年頃、列車種別のカラーが定着した時は、その頃最上位の特急は赤色、

デビューして間もない頃の快速特急［撮影：米末彰］

快速？ 特急？ 快速特急？　京成線からの直通列車［撮影：柴橋達夫］

急行は青色、準急は緑色、普通は黒色としていた。これによって停車駅案内などの色分けが行われ、基本的に今日にも受け継がれている。この中で準急という種別は間もなく消滅して、その後快速特急の誕生でこの緑色が復活したのである。

快速特急は定期列車でありながら、愛称を付けた列車は数多く、「マリンパーク号」など長期間運転されていたものもあった。このうち、季節列車で京成線からやって来る「城ケ島マリンパーク号」は、京成線では当時「快速特急」の列車種別がなかったので特急で運転され、京急線に入ると快速特急となるが、先頭車には快速特急の種別板、字幕には特急、快速の標記があり、一体どれが正しいのか悩むようなこともあった。

平成11（1999）年7月のダイヤ改正で浅草線直通特急を「快特」に変更し、快速特急という種別名も正式名を快特に変更した。しかし本来の快特である自社線内快特と浅草線直通快特とでは、停車駅は同じものの、車輌は2扉クロスシート車の2100形を使う自社線内快特と、3扉ロングシート車を使う浅草線直通快特とでは格差がある。上り列車の場合は行き先が品川または泉岳寺で識別できるが、下り列車で途中乗車の場合は、到着列車案内ではどこから来る快特かはわからないので、2100形がお目当ての子ども連れのお母さんが困っていた。

２１００形の先代である2扉車の２０００形が72輌の全数揃い、日中の快速特急がすべて２０００形となった時、京急が貼り出したポスターには「快速特急には２０００形がよく似合う」というキャッチコピーが添えられていた。運賃以外の料金は不要で途中停車駅が少なく、２０００形は車内も小旅行気分に浸れる設備であった。首都圏の他社では味わえないくつろぎとスピードを併せ持ち、インパクトを与えてくれる「快特」は、クロスシート車限定としてほしいものである。

## 国鉄と勝負する「通勤快特」の誕生

平日朝のラッシュ時に乗客が集中する上りの特急列車は、増結により昭和45（１９７０）年3月に10輌編成、昭和49（１９７４）年12月には私鉄初の特急12輌編成の運転が始められた。その一方で、金沢文庫で増結する車輌を神奈川新町で切り放すことなく、12輌編成のまま品川まで直通させたいという京急の思いは、横浜で東京方面に向かう旅客が国鉄線に乗り換えてしまうことから、切実な願望であった。これを実現するには、京浜川崎（現：京急川崎）、京浜蒲田（現：京急蒲田）、平和島、青物横丁、そして品川の5駅を12輌編成対応にするため、ホームを伸ばす改築をしなければならなかった。時あたかも国

通勤快特の700形（二代目）12輛編成はドア数48枚（片側）

鉄は、通勤5方面作戦の一つとして、東海道線と横須賀線の分離運転の実現が迫っていた。これにより横須賀線は川崎を通らず品鶴線経由となり、運転時分は延びるが輸送力は倍増となる。

京急はこの機にスピードアップを行い、加えて輸送力増強として12輛編成列車を品川に直通させるため、新たな速達列車の「通勤快特」を設定した。金沢文庫以北を快速特急並みの停車駅とすれば、スピードアップを図れ、京浜川崎と品川の2駅の改良工事で済ませられることから一石二鳥となり、さらに実現を早めることができる。こうして昭和56（1981）年6月に、横浜〜品川間を国鉄と運転時分で互角に勝負できる通勤時間帯の切り札として、12輛編成の通勤快特が生まれた。

その後運転区間は変わらず、平成11（1999）

年7月に始発駅から金沢文庫までを特急とし、金沢文庫での増結後、品川までを快特に種別を変更してそれぞれの種別を名乗り、通勤快特の名は消えた。この列車のうち横浜駅を7時30分から8時30分までに着発する列車は、品川方先頭車を女性専用車としている。

通勤快特という種別をやめたものの実質的な列車運行はそれまでと変わらず、金沢文庫から快特になる特急は始発駅から金沢八景まで行き先の表示が金沢文庫行になっており、金沢八景駅を発車した後、走行中に品川行と種別を快特に変更することが多いようである。このため、金沢文庫駅に到着する時は快特 品川行になっている。通勤・通学客は勝手を知っているが、通勤時間帯にあまり乗車経験のない利用客は、行き先が金沢文庫と表示されていると、乗車を敬遠してしまうようだ。放送も行われるが、概して利用客は放送を聞かないものである。

## 京急蒲田での神業の運行形態

京急への注目度を高めたのは、平成10（1998）年11月の羽田空港駅（現：羽田空港国内線ターミナル駅）開業から、平成24（2012）年10月の京急蒲田駅付近連続立体交差化工事での本線上下線の高架線切り換えまでの期間における、列車運行に対する積極的な施策であった。

通常、鉄道の大規模工事は長期間を要し、全面的な工事完成までは工事に関わる徐行運転や仮線走行など、運行に制約が課せられることが多い。ここで果敢にも、工事期間中でありながら、新たな運行形態の列車を生み出すことになった。羽田空港駅開業により、これまで他社局からの乗り入れ列車の折り返しを京急川崎から羽田空港に改めて、都心と空港のアクセス列車に衣替えしたのである。

一方、せっかく羽田空港へ延長開業したものの、横浜方面からの羽田空港直通列車は京急蒲田駅の線路配線から直接空港線に乗り入れはできなかった。そこで、早朝の列車密度の低い時間帯に、上り本線ホームに停車した後、品川方の本線上下線のわたり線と、空港線運用の車輛を新町検車区に出入庫させるため下り本線に設けられた空港線との連絡線を使い、本線を横断して空港線ホームに入る列車を1本走らせることから始めた。夜間には以前から連絡線を用いて空港線最終列車を神奈川新町行として運転していた手法で、横浜方面への列車を数本運転するにとどまっていた。

この状況に変化を加えたのは、京急蒲田駅の空港線と下り本線を浦賀方で結ぶ線路の新設と、その先に本線上下線のわたり線の新設を行い、これにより横浜方面からの本線上り

**京急蒲田駅・京急川崎駅構内配線図**

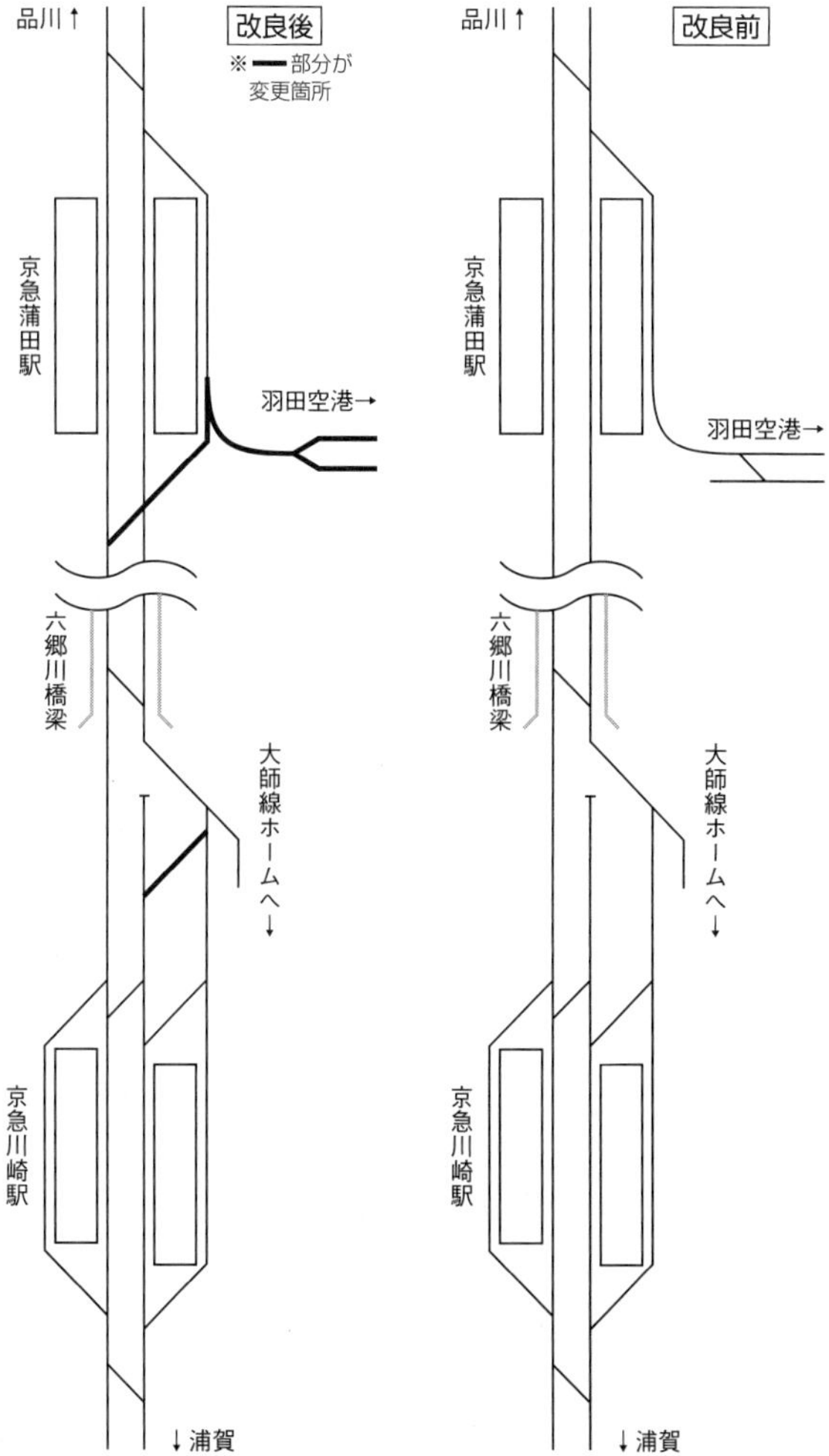

列車が直接京急蒲田駅の空港線ホームに入れるようにした。ただ本線の列車密度から羽田空港直通列車を増発することは困難なので、本線快特に浦賀、または新逗子からの普通列車4輌を金沢文庫で後部に併結して12輌編成として運転し、京急川崎で切り放して、快特の続行で羽田空港行き特急とするものであった。

しかし空港線は、京急蒲田駅から第一京浜国道を横断する先までが単線となっており、列車増発のネックとなっていた。この単線から複線になる分岐器を片わたり形からY字形に変更して京急蒲田方に50m移動し、列車間隔を2分30秒から2分に短縮させることができた。

さらに横浜方面行の羽田空港からの直通特急は、京急川崎駅で本線下り快特に増結し、金沢文庫駅で分割して普通列車とすることから後部に増結する必要があるが、京急蒲田〜京急川崎間は金沢八景〜金沢文庫間のような複々線ではないので途中追い抜きはできない。羽田空港からの直通列車を下り快特の後追いとすると、京急川崎駅で先着の快特が到着待ちと連結作業で停車時分が延びてしまうため、京急蒲田駅を後発した快特が京急川崎駅に先着して、先発した羽田空港からの直通列車を後部に連結するというマジックのような運転を実現させた。

これには、京急川崎駅の品川方にある折り返し列車を一時的に収容する引き上げ線に着目、下り本線と引き上げ線とは80㎝の高低差があったが、双方で高低を調整して途中に下り本線と結ぶ分岐器を取り付けて待避線としての機能を持たせ、先発の羽田空港からの直通列車を待避させることにして解決した。

このため横浜方面からの京急川崎折り返し普通列車は引き上げ線を使用できず、六郷川橋梁上にある上下線わたり線の先の上り本線上で下り快特をやり過ごし、下り快特通過後、上り快特に道を譲るためただちに下り線にわたり、下りホームは5番線で併結作業をしているので、4番線に着線するということが繰り返されていた。こうした一連の方法により、横浜方面からの空港線直通列車は、平日、休日の日中20分間隔で運転されるようになり、飛躍的に増加した。

これにより、京急蒲田駅の1番線空港線ホームは20分の間に、品川方面浅草線直通の上下列車（京成本線系統と北総線系統の2系統）4本、横浜方面直通の上下列車2本が、本線横断、方向転換のため乗務員の交代を伴って、6列車が3方向に運転される状況となった。これは仮設、移設工事により日々刻々変化する京急蒲田駅の高架化工事の間、途切れることなく続けられていた。ある時、同業他社の関係者が視察に来て、「うちではできな

京急蒲田駅連続立体交差化工事期間での空港線ホームにおける20分間で3方向・6列車の運転状況

❶京成線方面からの快特(エアポート快特)

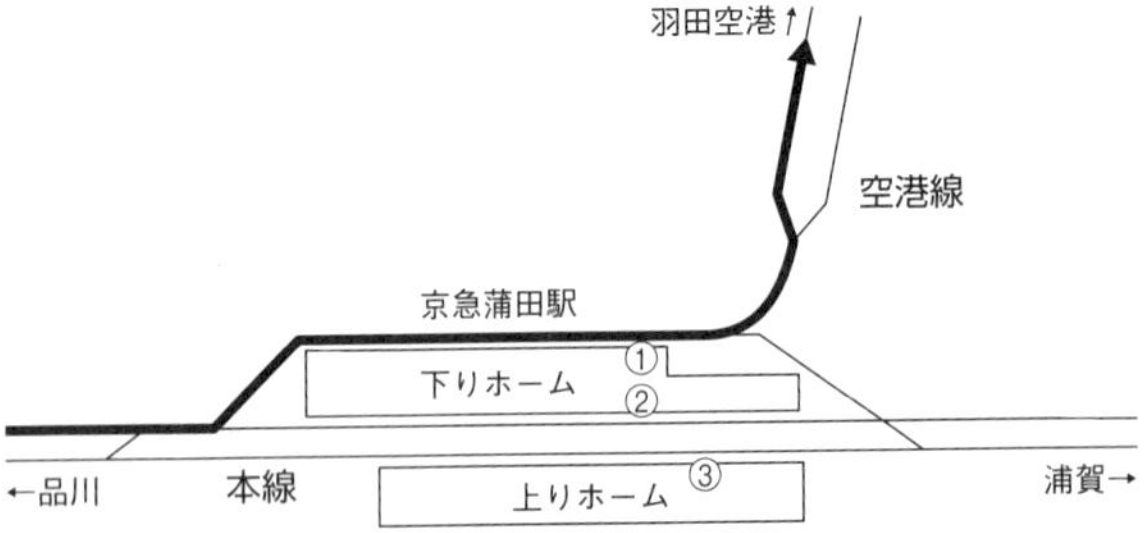


❷京成線方面行きの快特
(エアポート快特)

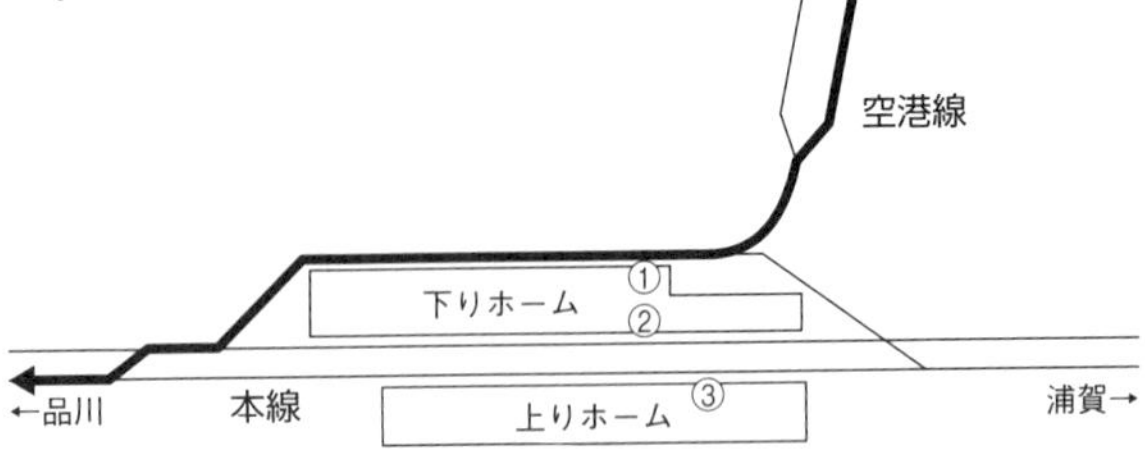


❸横浜方面からの特急

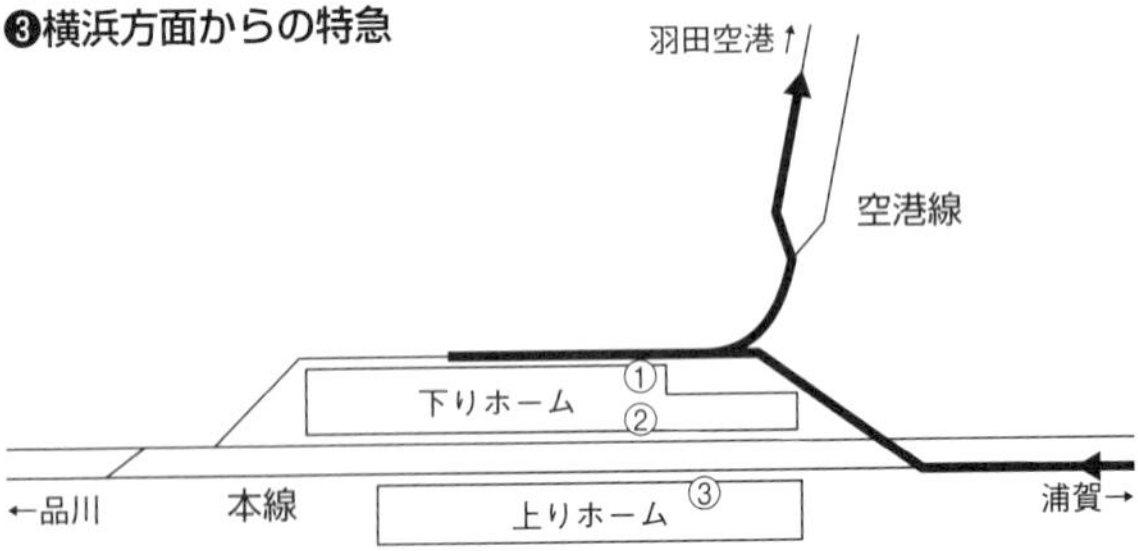

❹横浜方面行きの特急

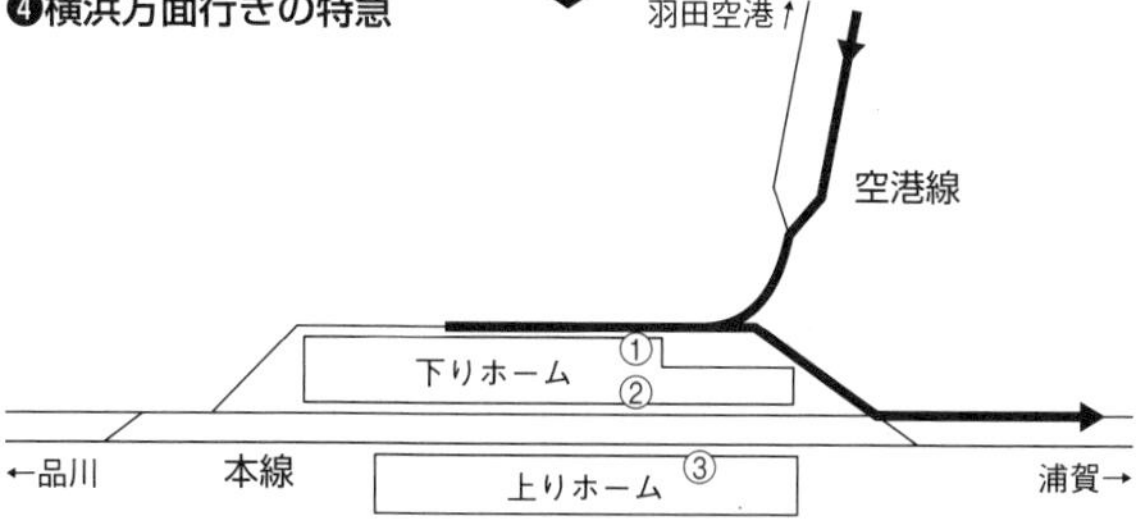


❺北総線方面からの急行

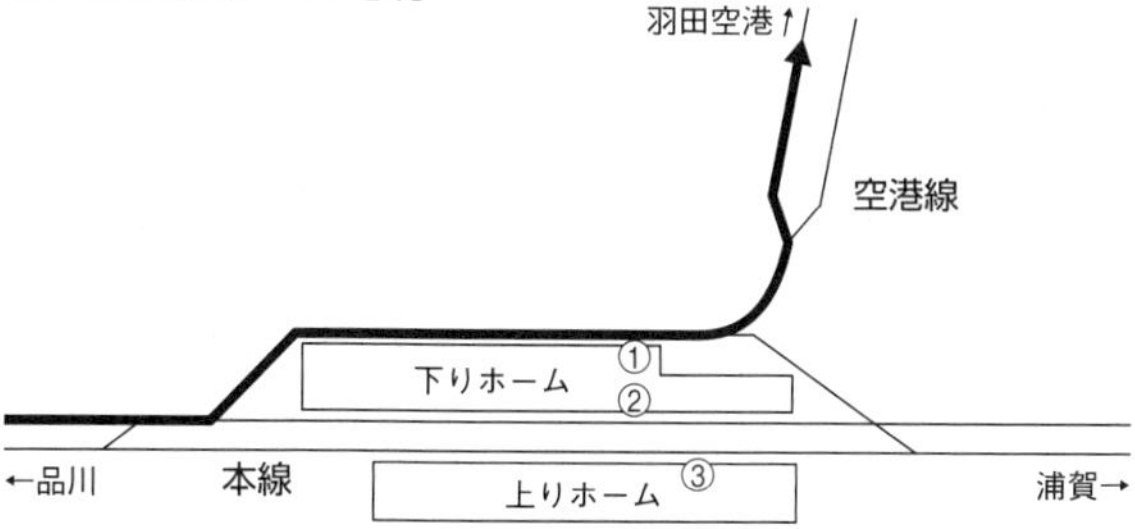


❻北総線方面行きの急行

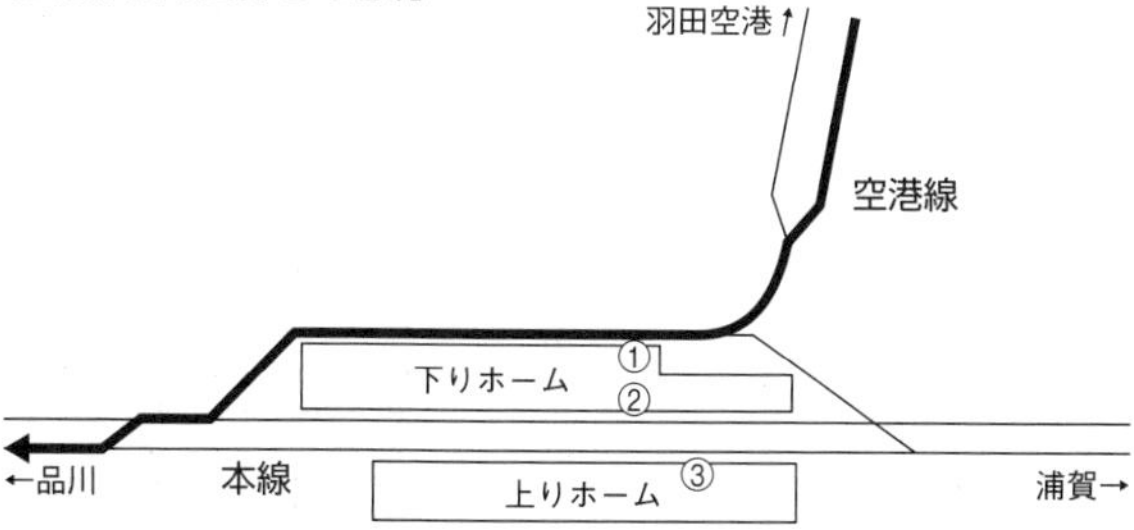

い」と目を丸くしていたという。

この神業ともいうべき運転の実現には、常に利用客の利便性を第一に考え、運転、車輌、電気（信号）、土木（施設、保線）部門の持つ技術力を引き出し、視野が広く調整力を持つ人物がリーダーシップをとって、工事中の制約のある中で実現可能にしたもので、まさに京急の真骨頂を物語るものである。この輸送形態が技術革新性、保安度向上、業務刷新などに画期的な功績があったとして、平成14（2002）年度には日本鉄道運転協会から「東記念賞」が授与された。

この運転も、京急蒲田駅付近の連続立体交差化工事の完成により、エアポート急行が運転開始したことで本線快特との併結運転は終了となった。

## 知らないうちに高架上を走っている

品川と横浜の間は、大正15（1926）年鈴ケ森の現在の国道15号線（第一京浜）との交差部分と、明治43（1910）年仲木戸駅で横浜鉄道（現：JR横浜線）の貨物線との交差部分で高架化したのを除き地平を走っていた。戦後は各所で高架化工事が行われ、都内の本線は、京急蒲田付近の高架化により、北品川付近の踏切を残すのみとなった。高架化というと工事の進捗によって線路の切り換えが行われるが、営業列車を運休にして行わず、終電後から始発列車の間に行われる。そのため、ある日突然に高架上を走っていたという経験をされた方も多いと思う。

都内の立体化工事では、工事期間中の仮線確保の用地買収に一番苦労したと聞いている。夜討ち朝駆けで地権者に交渉に行く日々では胃薬が常備薬になると、別の会社であるが用地課の知人に聞いたことがある。品川区や大田区は密集家屋が連続し、特に品川区内は寺院が多くあり、墓所などがあるとさらに難しい。京急では北品川から立会川までを2期に分けて高架化した。高架の取り付け部のみ仮線を設け、本線路での運転を行いつつ、直上に高架線を建設する直接高架法が採用され、京急は直上高架施工機を開発して工期を短縮し、鉄道用地幅を狭めることができた。また空港線大鳥居駅の地下化ではやはり仮線を設けず、工事中に走行している本線の直下で地下工事を進め、工期終盤の切り換え時に一夜でジャッキアップして地上の既存線と結ぶ工法が採用されている。

京急蒲田駅周辺の高架化でも直接高架法として施工し、速度制限を極力少なくして工事中も定時運行を維持した。また工事の途中で何回も切り換えを行い、環状八号線の踏切となっていた部分の渋滞緩和を1日も早く解消するため、この区間のみを先行して完成した上り線高架線とそれまで使用していた上りの仮線を下り線仮線として高架化し、踏切を除去した。このため日本の鉄道は通常左側通行であるが、右側通行となっていた期間があった。気づいた人はどれくらいいただろうか。

駅構内も一夜のうちに通路などが変わり、戸惑ったこともあったが、ともかく一度も運休など行わず、何事もなく夜間に切り換えが行われるスマートさには脱帽した。かなり前だが12輌編成運転開始のための横浜駅のホーム切り換え工事を取材したことがある。終電車が走り去ったのを見届け、レールをカットする火花が飛び散り、準備されていたホームの土台に仮ホームの板を打ち付ける作業は、横一列に並ぶ人海戦術で、見る見るホームができていった。その一方で新しいレールとの接続が行われ、信号機、架線が整備されていき、あっという間に始発の時間が近づき、試運転電車がやってきて通過テストが行われると、無事に始発電車が発車していった。

## 熟練の技による朝の金沢文庫の増結

京急が最も〝京急らしい〟のは列車運行であり、単に列車の運転本数が多いというだけでなく、列車の分割（切り離し）・併合（併結）がその状況下で日々繰り返されていること

金沢文庫駅での増結作業は、朝のラッシュ時には絶えず行われる状態になる

とだろう。その中でも平日朝のラッシュ時の運行がハイライトである。

平日朝の金沢文庫駅では、ラッシュのピーク時の上り列車は、基幹列車の浅草線直通特急「H特急」の間に普通列車２本と、始発駅から特急でやってきて金沢文庫駅で快特に種別変更する「B快特」、羽田空港アクセスの「C特急」の４列車の着発が10分ごとに繰り返される運転となる。

この密度の高い列車運行を可能にするのは続行する列車の到着番線を素早く振り分ける信号システムで、列車の追い込みと追い出しをスムーズに行えることによる。そして列車が順番どおり着発するだけではなく、普通列車を除く速達列車に４輌の増結作業が行われる（C特急は１本おきに増結）。毎朝、６時20分から９時30分までの間にH

特急15本、B快特10本、C特急3本、A快特2本の30本を、1面の上りホームの左右2線を振り分け、交互着発として増結作業時間の2分から2分30秒を確保し、増結車を列車種別により前部と後部に分け、整列乗車によるホーム混雑の分散が図られている。この間、普通列車の待避接続は行わず、逸見と京急富岡で通過待避を行い、金沢文庫駅での長時間停車を避けている。

ところで、10分の間に数本の列車で4輛の増結を行うため、その増結車輛を絶えず供給し続けなければならない。上り線側には横浜方と浦賀方に車輛留置側線があり、始発時には満杯に増結用車輛が留置されているが、増結が始まると見る見る空になっていく。そして新たな増結車輛の必要が、ちょうどラッシュピーク時に訪れる。車輛は車輛基地から供給することになるが、その位置は下り線側の浦賀方にあり、上下本線を横断しなければならないことになる。この増結車輛はH特急用またはC特急用の品川方増結用4輛とB快特用の浦賀方増結用4輛を連結して8輛とし、本線横断後に品川方用と浦賀方用に分割してそれぞれの側線に移動が行われている。

これまで上り列車のことばかり説明したが、当然下り列車も運行しているので、増結車輛の移動は上下列車の間隙を縫って、上り線方の側線に移動しなければならない。朝のラッシュ時はテレビの交通情報でほぼ正常に運行されているといっても、日々上下線それぞれに微妙な運行状況のずれがあって、その異なる運転状況に対応して、上下本線横断を通常の運行順序に従って行わなければならない。万一ダイヤが乱れると、混雑方向と逆の下り列車を調整して行うが、さらに大きな遅延が発生した場合には、運行順序を変更するか、あるいは中止しなければならないことになる。京急は、とっさの判断は熟練した人間が機械より優れていると確信している。タイミングを見計らって、上下本線を身をくねらせて横断する２列車分の８輌の増結作業は、信号扱い者と運転主任の熟達した運転技量の腕の見せ所である。

## ターミナル駅の品川でも分割・併合

一方、品川駅では、続々と到着する上り列車のうち、12輌編成のB快特は品川止まりで、そのまま泉岳寺方にある引き上げ線に入れる。浅草線直通のH特急の12輌編成列車は金沢文庫駅で増結した前部の４輌を切り放すため、分割した車輌が引き上げ線に入るまで発車できない。折り返しとなる快特は、金沢文庫での増結車の分割を考えると、直通特急と快特の増結位置を逆にしたほうがよいように思えるが、列車の運行順からそれはできない。

品川駅では、都営浅草線からの直通列車（右）に、引き上げ線の4輌（左）を増結して、下り列車でも朝と夕夜間を12輌編成とする

このためB快特の12輌編成折り返し列車と、H特急から分割した車輌の収容として、泉岳寺方に2線ある引き上げ線を使用するため、普通列車の折り返しには使えないので、品川駅で分割作業のある時間は、普通列車を3番線折り返しとしている。

小田急電鉄や京王電鉄のように、山手線と接するターミナル駅の前に地下鉄線と分岐させる駅を設け、地下鉄相互直通列車との振り分けを行っている例は多い。京急は、都心乗り入れに対して京浜電鉄から連綿とした強い思い入れがあって、基幹列車を直通列車としたことにより、品川駅では本線の上下2線と1本の終端線の3線、泉岳寺駅方の引き上げ線2線を有する設備で、折り返し列車と直通列車を運行し、加えて列車の分割、併合をこなしている。

平日は夕方から夜間も、土休日も朝に12輛編成運転が行われ、併合・分割作業がある。こうした日常の繰り返しにより鍛えられているモチベーションの高さが、異常が起きた時の対応に生かされているのである。

そして平成27（２０１５）年、京急は第14回「日本鉄道賞」で高度な安定輸送実現により特別賞を受賞した。平成26（２０１４）年に国土交通省の遅延対策ワーキンググループが行った調査によると、10分以上遅れる頻度が京急では１カ月に１回未満という極めて高度な定時運行が行われている。

## 安全運行をバックアップするシステム

首都圏では、ＪＲや私鉄各社で東京を貫く相互直通運転が増えて運行形態が複雑になったこともあって、ちょっとした輸送障害に対しても全線にわたり長時間運転を停止する対応が、目に見えて増加している。特にＪＲ西日本の福知山線の脱線事故後、一部のショー化した報道番組で鉄道に対する的確な知識のないコメンテーターと呼ばれる人たちの発言が、公共の電波を通じて流されることが多くなり、鉄道会社もこれに過敏に反応していることも否めない。

製造業の工場のように、外的要因の異常事態が入りにくい環境では、機械に管理を任せることが生産性の向上に直接結び付くが、人間を相手にする接客業の要素が多くある鉄道事業では、人間の思わぬ行動や自然災害に対する対応など、すべてにおいてマニュアルどおりで解決できない多様なケースがある。全体的に輸送障害の数は減っているものの、半面、対処経験が少なくなり、加えて自動化を進めた運行管理システムによる機械任せの状態となって、人間の持つ対応能力を生かせる場を奪った結果、長年培ってきた技術の継承が断たれることが危惧されている。

人間はある程度の緊張感を持っていないとミスを生ずるとともに、緊張を持続させることが難しいという特性があり、機械にも故障が生ずる確率をゼロにはできない。極度の自動化を進め、人が立ち入る余地を奪った結果、機械のエラーに対処するとっさの判断を鈍らせ、また機械への過度の信頼により注意力が低下するとも言われる。

そこで京急電鉄では、経験による対処方法の継承が失われ、予測や判断など人の優れた対応能力が鈍くならないように、熟練度の継承をする目的もあって、100%の自動化・機械化を行わず、バックアップという位置付けから、人の介入できる余地を残すという考えで対処にあたっている。このような思想から、他社で多く取り入れられている列車の進路設定や運行予測、運転整理、車輌運用、駅旅客案内、電力運用などを一元して自動で行う運行管理システムをあえて採用していない。これを「マン・マシンシステム」と呼んでいる。

## 運行管理の鍵を握るのは人間

京急電鉄の定時運行をつかさどる総合指令所は、運転、車輌、情報など鉄道の運行を扱う運輸指令と、電気、工務などの施設指令からなる。だが、運行には各駅、運転区、信号扱所で信号制御を行って進路設定をする方式を行い、指令所は運行の監視と指示に徹している。

一方、平成21（２００９）年には、従来の1号形ＡＴＳ（自動列車停止装置）に代えて、曲線や分岐器、線路の終端部などの速度制限機能も備えた高機能のＣ－ＡＴＳを運用開始して、信号保安機器は電子機器が主体となった。しかしここでも、技術力の維持・向上などを総合的に判断して、電子連動装置とはせず、継電連動装置を継続して使用している。

継電連動装置とは、ポイントを操作する転轍《てんてつ》てこ（切換スイッチ）、信号機を制御する信号てこを集中し、電気的に相互に連係して、脱線や衝突を防ぐ安全の要の装置である。

継電連動装置の制御盤には駅構内の線路配線が描かれ、これに進路てこや押しボタンが設けられ、進路構成や進入状態、信号機の現示（表示）やポイントの開通状態がランプで表示されている。京急電鉄ではこれらのてこ操作は、ベテラン信号扱い者の手動によって終日行われている。

このように京急電鉄の運行管理は、平常時からあえて人が介入することで異常時の対応力を備え、いざという時には、人だからこそできる微妙な調整、柔軟な発想によって影響を最小限に抑えている。不通区間の発生原因を除去するまで全線を止めてしまえば、運転再開時から回復運転はスムーズに行えるかもしれないが、それは利用者の立場に立ったものではない。時には発生原因を完全に復旧させることによる長時間の運転休止を避けるため、安全を確保できる仮復旧にとどめておき、徐行運転などは残りながらも運行を再開させ、本復旧は終電後に行うような、利用者目線での対応が行われている。まさに「いっとけダイヤ」の精神はこうした中で醸成され、利用客の信用を得ているのである。

## 120㎞／h運転と〝まばたきする〟信号機

最高運転速度を上げるためには、いろいろなことをクリアする必要がある。曲線緩和、路盤強化、分岐器の改良などの設備改良とともに、車輌では非常ブレーキで600m以内に停車することが定められているので、120km／hにスピードアップしたことによりブレーキ距離が延びることを抑えるため、空気ブレーキの圧力を20%強化した非常ブレーキ増圧機能を装備した。しかし最も重要なのは、安全の要である信号だろう。鉄道の信号が道路信号と違うのは、道路信号は青（実際は緑でG）から橙（Y）、赤（R）の順に変わるが、鉄道信号はR、Y、Gの順番で変わり、逆である点である。それぞれの信号の示す表示は鉄道では現示と呼ばれている。高速で多くの列車を頻繁に運転する鉄道では、続行する列車の間隔を安全上許す限り短縮するため、駅間をいくつかの区間に区切り、1つの区間（閉塞区間という）に1列車しか運転できないように、区間ごとに閉塞信号機を設置して制限速度を現示する閉塞方式を採用している。

先行列車が通過した後、閉塞信号機の現示は赤（R）の停止から順次、25km／h制限の警戒（YY：橙2灯）、45km／h制限の注意（Y：橙1灯）、75km／h制限の減速（YG：橙1灯と緑1灯）と、閉塞区間を越えるごとに制限が緩和されて、制限解除の進行（G：1灯）となる。120km／h運転の実施にあたっては、それまでの最高運転速度105km／hから15km／hのスピードアップが行われたことにより、120km／hから減速の75km／

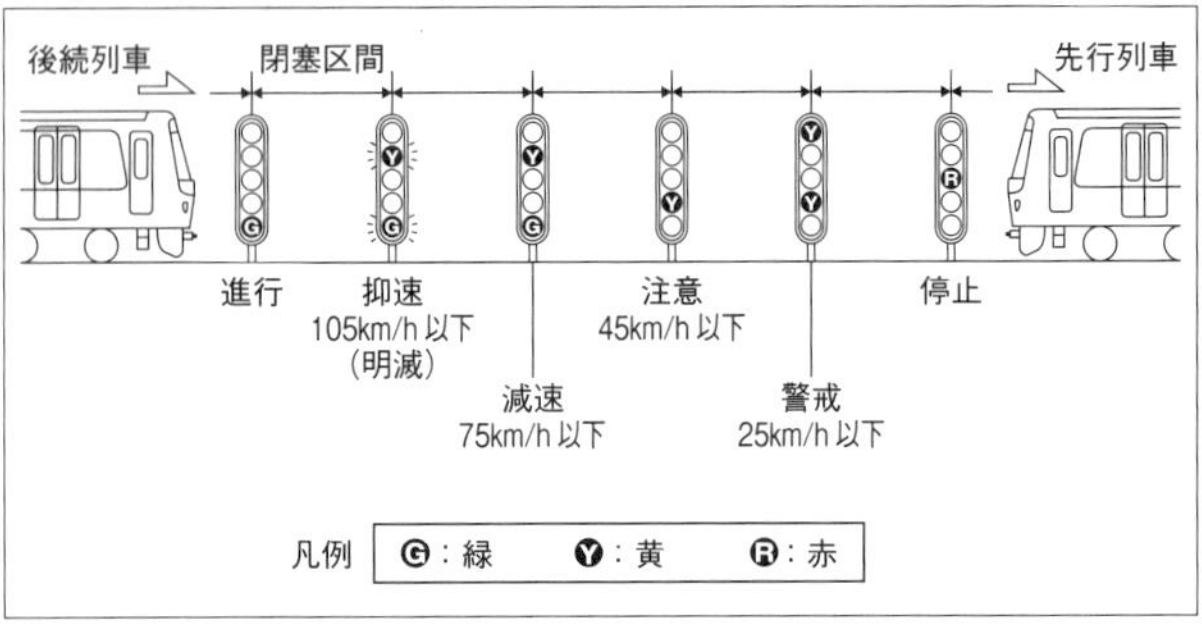


明滅の抑速現示を加えた信号現示

所要15分の文字が躍る120km/h運転開始のポスター

ｈまでのブレーキ距離が不足することになる。これには信号機の間隔を長くすれば解決できるが、高密度運転を行っている京急にとっては列車間隔を延ばすことになり、加えて信号機の移設工事も伴い、さらに相互直通運転を行っているので、保安設備の変更は難しいとの結論に至った。

そのため、進行と減速現示の間に新たな１０５㎞／ｈの速度制限を行う信号現示を設けることにして、これまでの３色（Ｇ・Ｙ・Ｒ）の組み合わせで5現示（進行、減速、注意、警戒、停止）を行う色灯信号機に、緑（Ｇ）と橙（Ｙ）の2色を明滅（フリッカー）させる「抑速（ＹＧＦ）」現示が加えられた。この明滅信号には、１分あたりの明滅回数や１回の明滅割合についてどれくらいが適切か、鶴見市場～京急鶴見間に仮設信号機を設けるなど、静的、動的な観察を行い、鉄道総合技術研究所に分析評定を依頼した結果、毎分80回、50％を採用することになった。

現在、１２０㎞／ｈ運転が行われるのは品川～横浜間で、ブレーキ増圧機能を有した車輌のみに限られ、横浜以南では最高１１０㎞／ｈ運転としている。また、他社からの乗り入れ車輌については１１０㎞／ｈとしている。

最高運転速度の向上と聞くと、車輌性能にばかり目が行きがちだが、設備の支えがなければ安全は担保できないのである。

## 「ドア閉めます!」

路面電車のいわゆる軌道法適用の鉄道で生まれた京浜電鉄は、起終点の駅や支線の分岐点などの主要駅以外には、現在のバス停留所と同じように線路の脇に駅の標識がある程度だった。プラットホームはなく、土を盛り上げた程度の乗降場はもちろん無人で、電車のステップを上って乗車する駅が少なくなかった。このため途中乗車の旅客は、車内の車掌に行き先を申告して運賃を支払うシステムであった。

大正末期から高速電車への体質改善により、併用軌道区間を除去し、出改札設備を備え、ステップを上らずに乗車できるプラットホームなど駅の整備が進んだが、湘南電鉄デ1形や同形の京浜デ71形が登場するまでは、軌道系のスタイルの車輌で運行され、乗務員室は設けられず、車掌は車内で発車の合図、停車駅案内、乗車券の発行、行き先変更などの業務を行っていた。旅客用の側扉が自動ドアになると、車掌が発車の合図の笛を吹き、運転士がドア開閉のスイッチを操作する方式とした。

デ1形などでも、運転操作を行う運転士の周りを囲っただけで、車掌の居場所はなく、依然として車内を回り停車駅ごとに車外に出て確認し、発車の合図を運転士に送っていた。戦後は乗務員室が設けられ、放送設備が整備されると、車内を巡って細やかなサービスを行うことが難しくなったが、特急列車など停車駅間の長い区間では、乗務員室を出て乗り越し精算や案内など接客サービスを積極的に行い、時には停車駅に近づいて慌てて乗務員室に戻る光景が時たま見られた。

こうした車掌による合図で運転士がドア開閉操作する方式は、相互直通運転での統一により、昭和42（1967）年5月から一般的な車掌によるドア開閉操作に変更となった。また昭和44（1969）年から主要駅での駅務員によるワイヤレスマイク使用が他社に先駆けて始まり、その後、ドア開閉操作を行う車掌が案内放送するほうが合理的であることから、ワイヤレスマイクを携帯することになり、車掌自ら注意喚起の放送をすることの責任を自覚して、「ドアが閉まります」ではなく、「ドア閉めます」の京急独特のフレーズが生まれた。

## 直通運転で変わった列車番号のルール

改正ごとに発行される京急時刻表だが、京急の列車には鉄道の一般的な常識と違うとこ

先頭車には運用番号、列車種別、行先を表示（左から）

ろがあることに気づかれているだろうか。それは、時刻表の上部に記されている列車の名前ともいうべき、列車番号である。

まず、車輌は性能や編成、そして走行距離や検査、清掃のサイクルなどを考えてどの運行に当てるかが決められ、これにより運用番号が与えられる。これは先頭車輌に行き先や種別とともに1桁または2桁の数字とアルファベットで表示されており、ＡやＤは快特やエアポート急行など列車種別を表し、実際は15Ａや３Ｄなどと記されている。列車の運行は、車輌基地から出て戻ってくるまで始発駅と終着駅間を何往復もするので、その個々の列車の名前として始発駅の発車時刻を運用番号の前に付け、下り列車と上り列車を区別するため、運用番号の数字を奇数と、それから1を引いた偶数とに分ける。東京を発車して地方に向かう下り列車を運用番号のままの奇数として、上り列車を偶数としているのが一般的である。

ところが都営浅草線のように東京を貫いて直通運転をする路線では、同一列車でありながら途中で上下が変わってしまうことになる。最近は相互直通運転が増え、複雑な運行が多く見られるようになった。それぞれどう対処しているかというと、ＪＲの総武快速線・横須賀線のように、東京駅で律儀に奇数と偶数に列車番号を変えるところと、各々自己主張が強く自社の上下関係を固守して乗り入れるため、同一方向の列車であっても奇数と偶数の列車が入り乱れている状態になっている路線もある。

都営浅草線は京成側から建設されたため、列車の上下関係は京成基準となっている。京急は遅れて相互直通運転に加わったので、これに従って京成基準の列車上下関係を受け入れた。こうして京急では下り列車が偶数番号となり、上り列車が奇数番号となった。

例えば、12時15分泉岳寺発の15Ａ運用の快特は１２１４Ａ列車となる。浅草線相互直通運転で上り・下りでは曖昧なこともあり北行・南行と呼んでいるが、列車番号の奇数や偶数は利用客にとって直接影響のないことであるため、すんなりと下り列車の偶数番号を受け入れた。こうして都営浅草線は、相互直通列車運行の一体化が図られている。

京急は諸事にこだわりがあると思われているが、利用客にとって下り列車が奇数か偶数かというあまり意味のないことへのこだわりは、あっさりと割り切る度量も持ち合わせている。

ただ京急にも途中で列車番号の奇数と偶数が変わる列車がある。ちょっと矛盾するかと思うが、新逗子から空港線へ直通するエアポート急行は京急蒲田で方向転換するので、ここで変更が行われる。

列車番号などどうでもいいことでマニアックなことと思われるが、ドアが閉まってから車内に忘れ物をしたことに気がついた時は慌てず、走り去る列車の後部に掲げてある列車番号を覚えて駅の事務所に行けば、大きな列車ダイヤを広げてすぐに該当列車を探し当てて、連絡を取り、回収手配をしてもらるので、覚えておくといいと思う。これで私も助かったことがある。ただ、「特急第〇〇列車の3号車海側第2ドア脇の荷棚の上にカバンを忘れました」と駅員に申告したところ、「どうしてここまでわかっていたのに忘れたの?」と言われてしまった。

## さまざまな列車の速度を考慮した踏切

軌道から発達してきた京急には急カーブが存在し、線路の形には恵まれてはいない。また高架化される前は至る所に踏切が点在していたので、踏切に対して神経質にならざるを得なかった。緩急結合運転を戦後間もなく始めた京急では、警報機と自動遮断機を備えた第一種踏切への整備が精力的に進められた。

しかし、自動遮断機を取り付けた第一種踏切の遮断時間が必要以上に長いほど、見切り横断を助長する側面もある。そこで、普通列車と速達列車の進行速度による踏切の警報機鳴動と踏切遮断時間の差をほぼ一定にするための急緩行選別装置を、昭和25（１９５０）年４月に京浜蒲田（現：京急蒲田）～六郷土手間から設置し、改良を重ね、警報機鳴動と遮断桿動作の時間調整を行ってきた。

昭和30年代になると自動車の保有台数の増加により、全国的に踏切での接触事故が急増した。これに対して、昭和36（１９６１）年12月に赤外線を用いた踏切内の障害物検知装置を開発した。現在では立体化により踏切の数が減少したが、万一の事態にも衝突による脱線を防ぐため、４輪自動車が横断可能な踏切には進行方向側に24ｍのガードレールを設け、さらに不幸にも脱線した場合も先頭車輌を電動車とすることにより、大きく向きを変えたり、転覆に至ったりして二次災害を引き起こす惨事に至らないように、できる限りの施策を行っている。

両側に民家が接近し、行く手に踏切保安員の振る白い旗がいくつも見える京浜間を、制限速度ぎりぎりで走るスリルは、高架化が進んだ現在では過去の光景となった。

## ランナーも電車も踏切で止めない

新春恒例の箱根駅伝（東京箱根間往復大学駅伝競走）のコースには、かつてはいくつかの鉄道踏切があり、大動脈である東海道線の戸塚大踏切でもランナーが足踏み状態で通過列車を待つ光景が見られた。これらは鉄道または道路の立体化で解消されていったが、空港線が国道15号線を横断する京急蒲田の踏切は、高架化で解消されるまで関係者をやきもきさせた。往路はスタートから間もない時間で第1走者の走る区間で、ランナーの開きもあまりなく通過するが、復路はゴールを目指す最終区間でランナーの差が大きく開くこともあり、その間の列車運行にはランナーも電車も止めないようにと細心の注意が払われた。

特に空港線の羽田空港への延長開業後、下町のローカル線から空港アクセス線に転身して、空港線列車が蒲田折り返しのローカル列車から相互直通運転の乗り入れ列車に変わり、運行本数と編成輛数の増加により、踏切遮断時間が延びた。加えて、相互直通運転を行う他社局のダイヤまで影響を及ぼすことは、極力避けなければならなかった。

このため、予想される復路の選手通過時間帯は、空港線直通列車の行き先を京急川崎に変更して直通運転を中止し、空港線は折り返し運転とするなどのダイヤを作成。沿道に職員を配置して連絡を取りつつ、ランナーに足踏みさせないように、秒単位で空港線列車の京急蒲田駅発車を調整して踏切遮断を行い、年始を飾る大会の円滑化に協力した。平成24（2012）年10月の高架化により、こうしたことも語り草となり、残る踏切通過は箱根登山鉄道の1カ所のみとなった。

## 大師線の初詣輸送

川崎大師は京急電鉄の発祥であり、大師電気鉄道として開業以来、大師線は参詣の足となっている。戦争の空襲で本堂が焼失してしまったが、再建を直前にした昭和31（1956）年の大晦日の終夜運転から、本線品川からの直通運転が再開された。この列車は急行で、ダルマを描いた行先方向板を掲げたことから「ダルマ急行」として愛された。その後、六郷川橋梁の架け替え時期を除き、続けられた。

昭和48（1973）年大晦日の終夜運転は、東京都交通局が中止を発表したことによ

大晦日の終夜運転での品川から大師線直通のダルマ急行［撮影：杉山裕治］

り、浅草線からの旅客が望めないこともあって、自社線内での終夜運転は行ったが、品川から大師線への直通急行運転は取り止めとなってしまった。その後、本線と大師線の直通列車は復活しなかったが、昭和53（1978）年の終夜運転から、年末年始の旅客案内として大師線内の列車にダルマの行先板の取り付けが始められた。これは、大師線の車輌の行先表示が行先板から窓上の幕に変わり、「川崎－小島新田」となったことで、普段乗り慣れない初詣客向けに、川崎大師行という案内表示をするために掲げたものであった。

昭和55（1980）年から、ダルマに代わり、その年の干支にちなむ絵柄に変更された。これ以降、大師線には毎年この干支を付けた電車をお目当てに、「大師詣」ではなく、カメラを持って「大師線詣」にくる鉄道ファンが増えた。最近は2月3日の節分まで、三が日以降は不定期列車による増発運転時間帯のみ掲出となる。

干支の行先板もすでに3巡してネタ切れになったのか、一般からの公募によって絵柄が決められるようになり、絵柄も2種類が採用されることになった。西暦年号に干支というアンバランスもさることながら、干支の動物とは程遠い黒いネズミや、牙の生えた毒蛇が描かれるなど、初詣や干支などに対する考え方に時代の移り変わりが見られる。公募した作品は、川崎大師駅の下りホームに掲出されて、選外となったもののスマホで自分の作品を撮影している姿も見られる。

平成14（2002）年から数年間は、大晦日に本線の京急久里浜からと品川からの昔ながらのダルマをデザインした行先表示を掲げた大師線直通列車が運転されたこともあったが、長続きしなかったのは残念だった。

# 第4章　高性能車輌へのこだわり

## 大師電気鉄道・京浜電気鉄道の車輌

大師電気鉄道の開業当初の車輌は、2軸の4輪単車と呼ばれる10ｍも満たない長さの電車であった。車体は鉄道馬車と同等の構造で、馬車の御者が手にする鞭と手綱をコントローラーとブレーキに持ち替えて、雨ざらしの状態で運転を行っていた。混雑時は、運転機器やブレーキのないトレーラーを連結して引っ張った。先に開業していた2社ではトレーラーの牽引は行われておらず、大師電鉄が最初であった。トレーラーを終点で付け替える手間を省くため、線路はぐるっと一回りするループ状にして方向転換をしていた。

しかし4輪単車では車軸の間隔を広げると最小回転半径は大きくなり、急カーブは曲がれないなどの理由で大型化には限界があり、明治37（1904）年5月の品川延長時に、蒸気鉄道などで使われているボギー式の客車にならった日本初のボギー式電車1号形の導入を試みた。

ボギー式は現在の電車に見られるように車軸受けを車体に固定せず、車体と分離した台車としてフレキシブル性を持たせたもので、車体長の制限を緩和して大型化が可能となるものである。しかしまだ木造であった六郷川橋梁の強度などが懸念されてただちに許可が下りず、補強を行って同年9月にようやく使用を開始した。

ボギー車は13ｍの長さになり、定員は76名であったが、百人乗りとか大電車などと呼ばれ、初めて空気ブレーキを装備した。また、車内の中央にボックスシートが設けられており、京急に至るクロスシート車のルーツとなるものであった。全車ボギー電車を揃えて新規開業した阪神電気鉄道は、開業に先駆けて京浜電鉄を視察に来たそうである。この当時の電車は、１輌に２個のモーターが一般的であったところ、京浜電鉄は各軸にモーターを備えて４個装備としており、京急のハイパワー電車の先駆けともなったが、ボギー車の連結運転は認められなかった。

木造ボギー電車を徐々に増やしていく中で、大正末期となると運転速度の高速化により、旅客車輌の強度を上げるため鋼製車体が取り入れられる。私鉄各社では外板のみ鋼板張りとしたものや、従来の木造車輌の設計のまま全鋼製とした車輌が試作された。

大正13（１９２４）年、京浜電鉄は新たに鋼製を前提とした軽量設計に変更した内張りや、屋根を木製とした半鋼製の51号形を20輌増備した。当時としては大量の増備で、真っ赤な車体の51号形は、トロリーポールを風にうならせて京浜間を疾駆したのである。まだ連結運転の許可は下りなかったが、連結での運転が可能な総括制御装置を備えていた。アメリカ帰りの京浜電鉄技術者である曽我正雄氏の、インターアーバンに寄せる思い入れの車輌である。念願の連結運転は昭和3（1928）年に認められ、連結器の取り付けが行われた。

51号形は、戦後、元京浜電鉄区間の架線電圧が600Vから1500Vに昇圧されると、モーターを外されクハ140形となって、デハ230形との連結運転で活躍したが、昭和40（1965）年に全車廃車となった。他社への譲渡はなく、トップナンバーの51号が製造当初の姿に復元され、京急ファインテック久里浜事業所で保存されている。

## 湘南電気鉄道の車輌

湘南電鉄の昭和5（1930）年4月の開業に用意されたのが、デ1形で、後のデハ230形であった。京浜電鉄に乗入直通運転を計画していたため、湘南電鉄の1500V区間と京浜電鉄の600V区間を走ることのできる複電圧仕様となっており、大きさは京浜の51号形と大差ないが、郊外電車として設計思想は大きく変わった。

中でも天地1mを超す大きな窓、開放的な運転室と前面展望、中央部にはボックスシートを備え、観光の要素も持たせた電車であった。当時、巷を闊歩していたモダンボーイ、モダンガールをモボ、モガと称したのにならい、モダン電車をしてモデンと呼ばれた。駅

保存車の京浜電鉄51号形

保存車の湘南電鉄デ1形

間の短い京浜電鉄線は高加速と高減速が要求され、加速度は当時1〜2km/h/sが普通のところ破格の3・2km/h/sで、一方の湘南電鉄線は駅間距離が長く高速性能が必要で、モーターの界磁を弱めてより高速運転が可能な性能を備えていた。

この車輛は、京浜電鉄でも湘南電鉄直通のために同形の車輛を増備することとなって、55輛を数えるに至った。大東急時代は合併各社の車輛を整理するため、京浜は5000番台、東横は3000番台、小田急は1000番台、京王は2000番台の形式に改番したので、デ1形は同形車とともに一括して、デハ5230形となった。戦禍により被災した3輛は、戦後、制御車として復活している。戦後の大東急解体によって各社とも大東急時代の番号を踏襲したが、京急電鉄だけは5000番台の5を外した。京浜電鉄は車輛番号をコンパクトにまとめる伝統があり、当時蔓延していた天井知らずのインフレ経済に対して、車号だけでもとデフレを実施したのに過ぎない。

一般的に、運転速度の遅い普通列車に古い車輛を使い、新車投入の宣伝効果を狙って速達列車に高性能の新しい車輛を投入することが多いが、そうした場合、普通列車が速達列車の足かせとなってしまい、新車の性能を十分に発揮できないことになる。しかし、デハ230形は、戦後の復興期にも持ち前の性能で活躍し、この車輛の存在が後に普通列車の性能底上げとなって、戦後の緩急結合ダイヤによる高速運転を実現させた。

晩年は空港線、大師線で活躍した後、一部は高松琴平電気鉄道に譲渡となり、平成18（２００６）年まで活躍した。また、京浜51号形とともに創立80周年を記念して京急ファインテック久里浜事業所で復元保存されたのをはじめ、鉄道模型メーカーの関水金属や埼玉県川口市で保存された。川口市の２３６号は、本社の横浜移転により新社屋に設置されるミニ博物館に展示するため、総合車両製作所に搬入され、修復作業が行われている。引退時の姿に復元されるので、楽しみである。

## 京浜急行電鉄の戦後昭和を駆け抜けた名車

昭和34（１９５９）年から都営浅草線直通車輌として製造された１０００形（初代）は、地下鉄線内の急勾配、急曲線、短い駅間距離という条件下での高加減速性能と、京急線内での高速運転とを併せ持つ湘南電鉄デ１形の後継とも言える車輌である。加速度３・５㎞／ｈ／ｓ、非常減速度４・５㎞／ｈ／ｓの性能は、以後の京急の標準仕様となった。

普通列車から快速特急までをこなす汎用性に富んだ車輌で、途中冷房装置など時代に合った装備を付加したが、新しいデザインと技術を取り入れた車輌を次々と投入した他社

機能美あふれる精悍な顔立ちの1000形（初代）

に比べ、基本的に大きな変更は行わなかった。部品の規格、共通化と使いやすさを第一に、新技術は見極めをしてから導入した。派手さはないが堅実な設計で黙々と作り続け、約20年にわたり製造が行われ、３５６輌を数えるに至った。

初期製造の車輌も順次、リニューアルにより最終製造車輌に近づけた統一が行われ、飾らない、無駄のないデザインは、正面裾のアンチクライマと貫通路の幌受けに取り付けられたステンレスの枠が全体を引き締め、精悍な顔立ちとなった。そして平成22（２０１０）年6月、１０００形（初代）は大師線運用を最後に引退した。

大正期のパイオニア的車輌が51号形、戦前昭和の名車がデ１形なら、戦後昭和の名車は１０００形（初代）と言え、それぞれ京浜、湘南、京急を代表する車輌である。日本初のボギー電車1号形の台車は、51号形やデ１形と並んで京急ファインテック久里浜事業所で保存・展示され、京急ファミリー鉄道フェスタなどの工場公開日に見ることができる。１０００形（初代）も2輌が解体されずに残っており、今後どのようになるのか気がかりである。

## 反骨の進駐軍専用車

敗戦とともに戦勝国の連合国軍が進駐し、連合国軍総司令部（ＧＨＱ）は、東京や横浜の港湾設備や主だった建物とともに、横須賀軍港をはじめとした軍事施設をすべて接収した。鉄道についてもすべての主導権を握り、あらゆることについてお伺いを立てる状況となり、連合国軍軍人とその家族の移動に整備した専用車輌を要求してきた。それでなくとも戦災と物資不足で保守も行き届かない状況に、車輌は割れた窓ガラスの修理もままならず、板張りで雨風をしのぎ、座席も板張りがあればましなほうで、貨車のような車輌に満員すし詰めの状態にあった。それに対し、専用車輌は国鉄をはじめ、各私鉄は状態の良い車を選び、特別に整備して用意した。クッションの入った座席に、ちらりほらりとわずかな人数が乗車している専用車との格差に、敗戦国民であることを思い知らされた。

大東急の湘南線となっていた京浜電鉄にも専用車の要請が来たものの、状態の良い車輌を整備することなく、空襲で丸焼けになり骨組みだけになって放置されていた車輌を叩き直したバラック電車をあてがった。

バラックとはすでに死語になったが、その辺にある材料で一時しのぎに建てた粗末な家屋の意よろしく、焼けたべこべこの鉄板の車体に、天井板もなく屋根の肋骨が丸見えの車内は、ご愛嬌にアメリカ人好みのペンキ塗りを施した。床下からはガッタンガッタン、ゴーという振動がもろに伝わり、「お前らが爆弾で焼いた電車に乗れ」と言わんばかりの代物であった。敗戦国の国民として口には出せなかった心情を代弁したバラック電車に溜飲が下がったのであろう。恐れをなしたか、設備の整った国鉄の横須賀線の専用車を利用することが多く、あまり乗客はいなかったようである。

## 個性的な現有車輛群

車輛に人気がある京急。しかし、新形車輛を投入するごとに、第一印象となる外観をデザイン優先として奇をてらい、インパクトを与えるようなことはしない。６００形（三代目）で採用した大型三次曲面ガラスを用い、ワイパーをカバーで隠した正面デザインは、機能性に特に問題がなく、２１００形、１０００形（二代目）へと受け継がれ、１０００形（二代目）ステンレス鋼車体で若干マイナーチェンジが行われたが、イメージを大きく変えるものではなく現在の「京急顔」を確立した。こうしたことは赤とアイボリーの塗装を守り抜くことと合わせて他社車輛との識別を明確にしており、京急の車輛という認識を越え、愛着を感じるものになっている。

首都圏の鉄道は、通勤対策として車長20mの4扉ロングシート車が主力となっている。これに対し都営浅草線は建設当時の規格により、車長18m車で3扉ロングシート車となっており、京急をはじめ乗り入れ各社もそれに従っているが、用途によって多種の車輛を保有しているのが京急の特徴である。

現有車輛は798輛（平成30年1月1日現在）で、自社線内限定である2扉クロスシート車の2100形（80輛）、浅草線直通快特から普通まで万能な3扉ロングシート車の1000形（二代目388輛）、600形（三代目88輛）、1500形（158輛）、自社線内限定である3扉ロングシート車の2000形（24輛）と4扉ロングシート車の800形（二代目60輛）からなっている。このほかに事業用として電動貨車6輛を保有している。このうち800形と2000形、それと一部の1500形と電動貨車はチョッパ制御と呼ばれる方式の車輛で、そのほかの形式はVVVFインバータ制御方式の車輛であり、ともに電力回生ブレーキを備えた車である。

パワーエレクトロニクスの発達により、電車のコントロールも、従来の機械的な装置から電子機器を多用した装置に変わり、チョッパ装置により電力回生が可能となった。さらに直流を交流に変える時に電圧や周波数を変えることのできる装置、つまり可変（Variable）

電圧（Voltage）、可変（Variable）周波数（Frequency）の頭文字をとって、ＶＶＶＦと呼ぶインバータ（直流を交流に変える装置）の開発により、電車が生まれて以来１００年近く使われ続けていた直流モーターから、メンテナンスを大幅に軽減できる交流モーターを電車の運転に適するようにコントロールできるようになった。開発されて30年を経た今日では、新車の電車はすべてＶＶＶＦインバータ制御の電車となった。

開発当初は発車の際に盛大な不連続音のノイズが発生してＶＶＶＦインバータ電車の存在を誇示していたが、これも技術の進歩によりまったく気にならないほどになった。京急も平成３（１９９１）年から、１５００形の増備途中で導入し、以後の新車はすべてＶＶＶＦインバータ制御の電車となった。

## ●アイデア満載の６００形（三代目）

首都圏の鉄道は慢性的な混雑が改善されず、先進国の間では例を見ない通勤輸送の混雑状況が続いている。鉄道会社もこれに対して手をこまねいていたわけではなく、輸送力の増強に努めてきたのだが焼け石に水で、高度成長期の東京一極集中により通勤圏は50㎞を超え１００㎞に、通勤時間も片道で最大２時間程度を要するまでに拡大した。

国鉄が戦時中に導入した20mの4扉ロングシート車が通勤電車の基本となり、それまで15mないし18mの小型車輌で運行してきた私鉄も、施設改良の結果、20m・4扉ロングシートの車輌が主流となった。京急は18m車とする規格の都営浅草線に相互直通運転を行うため、18m車輌としているが、12輌編成で運転を行い、20m車10輌編成と輸送力に遜色はないとしている。

国鉄が分割・民営化され、JR東日本では平成2（1990）年、混雑時はすべての座席を収納してしまう6扉車を山手線に試作導入し、私鉄各社も20m車で5扉車や、荷物電車並みに扉の幅を2mとするなど、多扉や広幅扉、座席収納車輌の導入が相次いだ。地域輸送を一手に担う鉄道会社としては、一向に改善されない混雑緩和は、ことさらに頭の痛いことである。鉄道の改良工事は資金とともに長い時間を要し、計画時に予想された需要はその間の社会情勢によって変化することもある。多扉車や広幅車はカンフル剤としての即効性があったのか疑問だが、混雑緩和策としては乗客を立たせて詰め込めるといった苦肉の策で、私鉄各社ではその後方針転換し、改造や廃車となって影を潜めていった。

ただJR東日本は、それまで中距離電車という3扉にボックスシートを配置したカテゴリーをやめ、4扉ロングシート車（編成の端などにボックスシートを備えた車輌はわずかにある）の通勤電車に置き換え、首都圏１００㎞範囲は４扉ロングシート車（一部ボックスシート車を連結）を基本とした。

これに対して京急でも平成６（１９９４）年から、新設計の車体によるＶＶＶＦインバータ制御車の増備に方針転換した。多扉、広幅扉、座席収納の車輌が通勤路線に投入される中、基本コンセプトを「個の尊重」として、意欲的な機構を取り入れた浅草線直通運転車輌を投入することになった。そこでデビューしたのが、通勤車であるにもかかわらず、オールクロスシートで「ツイングルシート」と命名した収納座席を備えた６００形電車（三代目）である。時代の流行もあり、もともと曲面の美しさを誇ってきた京急の車輌も直線的デザインの傾向にあったが、６００形（三代目）は三次曲線を用い、バルーンをイメージした正面デザインは、伝統のアンチクライマを廃し、ワイパーをカバーで隠して一体的な三次元曲線の曲線的デザインに回帰した。このデザインは２１００形、１０００形（二代目）へと受け継がれ、新しい「京急顔」として確立した。

車内はボックス型のオールクロスシート３扉車で、その座席配置は久里浜工場で当時リニューアル工事のため座席を取り払われた状態にあった１０００形（初代）に、２０００形の座席を持ち込んでの座席レイアウトの検討が、工場職員を動員して行われている。ま

# 600形（三代目）

羽田空港と成田空港を結ぶエアポート快特に就く600形（三代目）

た混雑時対応として２０００形と同様、扉付近の２人折りたたみ補助椅子に加え、扉間の２ボックスのうち１ボックスは、ツイングルシートと呼ぶ可動・収納座席の１人折りたたみシートとスライドシートで構成され、乗務員室で一斉または各車ごとにスイッチで操作することができた。

スライドシートは、窓際の１人掛けの座席が突如横に移動、残った座席の背もたれから座面が開き、同時に対面の１人掛け座席の横に収納されていた座席も開き、４人掛けのボックスシートに変わるといった、さながら子どもに大人気の変身ロボットのような動作であった。今なら、ツイッターネタとして拡散しただろうが、残念ながら座席のセットは出庫時に行われることが多く、利用者が目にすることはなかった。

これにより６００形（三代目）は、地下鉄線内でクロスシート車に乗れるといった話題性はあったが、座席変更動作自体にエンターテインメント性があることへの認識が乏しかったので、デビュー前に特許出願中として公募で「ツイングルシート」と命名されたものの、一般には関心度は低く、同時期にＪＲ東日本が名付けた「Ｅ電」とともに、早々に死語となってしまった。

この車輌のもう一つのヒットは、乗務員室の後ろに前方向きの座席を備えたことで展望座席の頂点に達したことである。この座席は、次に登場した2100形にも受け継がれ、沿線の子どもたちはもとより大人にも人気は絶大で、デビュー当時は先頭車輌の整列乗車位置に並ぶ列が長くなり、先を競って着席した。

このほか600形（三代目）では、最高速度120km／h運転開始に対して「京急はよく揺れる」といった通説を払拭するため、通勤車輌では珍しく、隣の車輌と油圧緩衝器で結び横揺れを緩和する車端ダンパを備えた。台車は一見、JRのボルスタレス台車に似た軸梁式に変更し、付随台車では京急初のユニットブレーキ装置を採用した。

また、京急初の車いすスペースの設置やFM・AMラジオ受信設備などを装備した。以後の車輌にこれらの新しい装備は、受け継がれ定着したものと、600形（三代目）固有の設備となったものもある。意欲的な設備を盛り込んだ先駆的車輌ゆえ、88輌という少数にとどまり、10年そこそこでリニューアルが行われ、収納座席は廃止されて、今や京急のスタンダード車輌となった1000形（二代目）の仕様に合わせて改造が行われた。しかし、そこは京急！　先頭車の前方向き座席や車端部のボックスシートは残り、細かいところでは荷棚の造りなどに新車当時の面影を見ることができる。

### ●イメージリーダーの２１００形

６００形（三代目）に続き、京急創立１００周年を迎える平成10（１９９８）年に、２０００形に代わる快速特急用車輛の２１００形がデビューした。グレードは一段と高くなり、自動で方向転換できる座席を採用。かつては私鉄王国と呼ばれ、羨望の眼差しで見つめていた関西圏の京阪電鉄と阪急電鉄の特別料金不要の都市間特急電車と比肩しても遜色のない車輛で、首都圏の他社では存在しない車種である。

日本の鉄道技術は新幹線を開通させ世界的にもトップクラスとなり、鉄道車輛についてはほぼ１００％が国産メーカーによって製造されていたが、海外の鉄道工業界はグローバル化して巨大企業となり、車輛単体ではなくシステムとして国際間での鉄道の売り込みが活発化していた。２１００形については機器の性能やコストなども勘案して、主要機器から車内装備品まで幅広く海外製品を採用することになり、ドイツ、フランス、ノルウェー、スウェーデンと多彩である。特に、車内の製造銘板（２１００形からフィルム貼になった）に通常は車体製造会社のみが標記されるが、モーターや制御装置などの主要機器メーカーであるドイツのＳＩＥＭＥＮＳ（シーメンス）も併記されていた。

この車輛で最も話題となったのは、発車時に音階メロディーを奏でることであった。そ

## 2100形

2000形の後継で京急のイメージリーダー車2100形

自動方向転換座席が並ぶ車内

の昔、小田急電鉄のロマンスカーがのどかな相模野を、ミュージックホーンを鳴らしながら疾駆したことはあったが、２１００形のメロディーは、起動時の機器に過負荷がかかることを避けるための回路が発生するノイズの周波数をチューニングして音階にしたもので、ドイツ人技術者の遊び心だそうである。「ドレミファ電車」として人気を集めたものの、その後、技術革新によりその回路自体が不要となり、機器のリニューアルにより交換したので、メロディーは聞こえなくなった。

６００形（三代目）の先頭デザインを踏襲しつつ、ワイパーカバーにスリット状の車号標記を加えた。これは、増備過程で車号から形式標記に変更となっているが、連結作業の時に乗務員室からスリット越しに連結器が見えるよう設けたもので、実はデザイン優先のものではない。

前掲の600形（三代目）と合わせて新しい要素を取り込んだ車輛でありながら、海外メーカーの商習慣の違いやメンテナンスなどもあって、次の1000形（二代目）で日本メーカーの巻き返しがあったのか、途中から国産機器仕様に戻っている。

## ●オールマイティーの1000形（二代目）

平成6（1994）年の600形（三代目）の製造開始から平成12（2000）年の2100形の製造終了まで、3扉と2扉のクロスシート車は168輛製造された。この間に4扉の700形（二代目）、3扉の1000形（初代）のいずれもロングシート車が130輛廃車された。これによりクロスシート車の割合が大幅に上がった。

しかし2100形の製造が始められた時は、先代の2扉クロスシート車の2000形は72輛が存在して、2100形の製造と入れ替わりに3扉ロングシートへの改造が始められている。この後、600形（三代目）のロングシート化が始められ、今のところクロスシート車は、2100形のみの80輛にとどまっている。

## 1000形（二代目）

2100形の3扉ロングシート車バージョンで生まれ、
その後進化し続けている1000形（二代目）

1000形（二代目）は、2100形の3扉ロングシートバージョンとして製造が始められた。だが、まだ先代の1000形が現役で存在していたため、「新1000形」や「N1000形」などと呼ばれた。2100形と同じ「ドレミファ電車」としてデビューし、その後は技術革新により機器の変更が行われてメロディーを奏でなくなったものの、製造は続いた。平成19（2007）年からは全面見直しにより、従来のオーダーメイド感のあるアルミ合金製の車体から、メーカー標準部品を使用するステンレス鋼製となり、主要機器も海外製品から国産に変更して、別形式にしてもおかしくないような変更が行われた。以後、ステンレス鋼製によって最新技術の機器に変更しつつ、赤とアイボリーの京急色塗装の復活など、進化しながら1000形（二代目）は製造が続けられている。

## ●地味だが需要に応じて変幻自在の1500形

1500形は、1000形（初代）の後継浅草線直通車輌として昭和61（1986）年にデビューした。赤に白帯の地味な塗装で、800形（二代目）や2000形のような脚光を浴びなかったが、増備過程で車体が普通鋼製からアルミ合金製に変わり、付随車輌の組み込み、さらにチョッパ制御からVVVFインバータ制御への変革が行われているな

## 1500形

普通鋼製で生まれ、アルミ製となり京急初のVVVF車へと変化した1500形

ど、転換期の車輌である。

やがて6輌固定編成の800形の廃車が始まると、同時期に6輌編成の新車は作られていなかったので、それを補う6輌固定編成が必要になるため、編成替えができる1500形でそれを補った。そしてチョッパ装置を外し、VVVFインバータ装置に取り替え、モーターの出力を大きいものにして、一部の電動車からモーターを外した。この外したモーターとチョッパ装置を利用して電動貨車のモーターに転用し、さらに古い制御装置やモーターを新しいものに取り替えた。1500形は、外観は地味だが、車輌需要の変化に対応している縁の下の力持ちなのである。

## ●消えゆく省エネ電車のパイオニア2000形と800形（二代目）

800形（二代目）は、京急では昭和53（1978）年に初のチョッパ制御方式を採用して回生ブレーキを備えた省エネ車輌の草分けであった。800形という形式を名乗るのは二代目で、初代は昭和33（1958）年の1000形（初代）の試作車として存在したことがある。窓周りを白（アイボリー）とした塗装を初めて採用し、航空機の窓周りなどに採用しているFRP（繊維強化プラスチック）を鉄道車輌で初めて使うなど、センセー

# 800形(二代目)

鉄道友の会のローレル賞を受賞した800形（二代目）［撮影：福井紘一］

## 2000形

首都圏の私鉄にはないクラスの車輌に羨望の眼差しが注がれた2000形

ショナルなデビューであった。

そしてこの塗装を譲り受けて、昭和57（１９８２）年に登場した2扉クロスシート車の快速特急用車輛２０００形は、首都圏の私鉄に運賃以外の料金不要で乗ることができる、グレードの高い列車を誕生させた。座席も方向転換やリクライニングはしないものの、窓際と通路側で色を変え、当時のスポーツカーで使われていたハイバックタイプを使用。フランスの高速列車ＴＧＶと同じ、扉間の座席の向きを中央に向けた集団見合い配置とした。

いずれも鉄道友の会のローレル賞（８００形二代目）、ブルーリボン賞（２０００形）を受賞している。しかし最古参となり、１０００形（二代目）に代替えとなって引退が進められており、特に２０００形は平成30（２０１８）年４月に姿を消す予定であり、４扉車の８００形（二代目）もホームドア設置が進むと使用できなくなるため、数年ですべてが姿を消すことになる。京急ではそれぞれの形式の1編成を製造当初のリバイバルカラーとして、長年の労をねぎらっているような計らいを行っている。

## 多様性のある浅草線相互直通運転

昭和43（１９６８）年6月、大門～品川間の開業で京急電鉄、東京都交通局、京成電鉄

の相互直通運転が始められた。このときは、仲を取り持つ東京都が京急の京浜川崎（現：京急川崎）から京成の東中山まで、京急が京成との接続駅の押上まで、京成が京急との接続駅として泉岳寺までと、相互直通列車の運転区間が決められていた。都営浅草線内では、いかなる種別の列車も各駅停車の普通列車として運転されることになっていた。同年11月に泉岳寺〜西馬込間が開通して、京成は西馬込まで延長した。

車輌は浅草線規格を設定して、基本的な寸法、性能などの統一からＡＴＳなどの保安装置、運転室や床下の機器配置に至るまで、自社以外の車輌を取り扱う場合に混乱を生じないよう事細かく決められた。当時、浅草線と同時期に開業した東武－営団（日比谷線）－東急の相互直通運転では各社独自のＡＴＳ装置を譲らず、乗務員室には3方式のＡＴＳ装置を装備して各社ごとに切り替えを行っていた。

相互直通運転の実施にあたって、乗り入れ列車の運転経費や車輌使用料はどのように各者間で精算しているかというと、走行距離がなるべく同じになるように、列車ダイヤや車輌運用を協議して、面倒な金銭のやり取りは行わないことにしている。とはいうものの、運転開始当初の四角四面の協定に従っても、時間の経過とともにその走行距離の誤差が大きくなり、その精算として本来運用する事業者の肩代わりをして調整する必要が生じてきた。

この精算列車が、本来決められていた相互直通運転区間の垣根を崩す呼び水となり、浅草線相互直通運転ネットワークの多様性に富んだ運転を生む原因となった。直通運転開始から1年もすると、正月や海水浴、行楽シーズンには三浦海岸や逗子海岸から京成成田までの直通列車を走らせ、海水浴シーズンの夏には京成から乗り入れてきた車輌を夕方戻すまで京急線内の列車に使用するなど、実情に合わせてあれこれ利便性を見出すのは、本来京急が最も得意とするところであった。

6輌編成乗り入れとした京急の直通特急列車は、8輌編成で運転する夏季の海水浴繁忙期に、品川駅での分割や併合の煩雑さを解消するため、8輌編成のまま限定乗り入れを行い、やがてそれが本格的に8輌編成乗り入れへとつながっていった。

直通規格によって統一された連結器の変更や、全電動車編成と規定されているところに付随車輌を組み込むこと、3扉ロングシートとしているところを3扉オールクロスシートの600形（三代目）を乗り入れ車輌としたことなどは、京急が口火を切っている。協定があるものの、利用客の利便性を考えて変革にチャレンジしてきたところに、各者も協議に加わり、「なんでもあり」を実現してきた現在の浅草線の姿がある。

## 連結器を一斉に交換

鉄道において、施設の軌間や電圧などとともに、連結器は基本的な車輛設備である。ましてや列車の増結と分割を日常的に行う京急では、連結器の機能や作業性として確実、迅速、安全が要求される。

厳密にいうと創業時の4輪単車時代に、連結車という無動力でブレーキ装置もない単車を牽引していたことがあるが、大型のボギー車は連結運転の許可が得られず、京浜電鉄が連結運転を始め、連結器を取り付けたのは昭和初期であった。この時、ウェスティングハウス製のK－1－A形密着連結器で、19点の電気接点と2つの空気管を備えたワンタッチの自動密着連結器を採用した。朝夕をはじめとした混雑時や沿線催し物の開催などに、臨機応変に増結運転が行われていた。以後は戦時中に車輛の大型化や輸入品の途絶などもあり、国産化されて強度を増したK－2－A形としていた。

浅草線相互直通運転開始にあたり、統一車輛規格により機械的連結機能のみのNCB－Ⅱ（一斉交換時は暫定的にK－2－Aの胴にNCB－6を取り付け）自動密着連結器に交換した。はじめはワンタッチ連結の機能を失うことに躊躇して、アダプタを装備して対応も考えたが、今後の連結車輛数や電気接点の増加に対応するために、交換を決定した。これには連結器の取り付け高さ変更を含めて、数年の準備工事の上、連結器交換のXデーを昭和41（1966）年の日曜日と祝日の続く3月20日と21日の2日間として一斉に行われた。

相手方の京成電鉄も、直通運転には全線の線路の幅を1372㎜から1435㎜に改軌するという大工事を行い、お互い痛み分けの変更工事によって3者直通運転が実現したのである。

**増結・分割作業にとって重要な連結器**

乗り入れ先の鉄道では、列車の運行途中で増結や分割を行うことはないので、編成の両端の連結器は非常時の牽引で使用する程度である。それに比べ京急は、緩急結合の列車運行で速達列車に乗客が集中する傾向があり、輸送力の増強のために速達列車の増発や編成輌数増加で対応していった。例えば、朝のラッシュ時など数分ごとに増結作業が行われる金沢文庫駅では、ホーム下に数名の作業者を待機させ、基本編成列車に誘導信号で接近してきた増結車輌の連結と、その間でかなり重量のある電気や空気のホースを連結する作業が繰り返されることになった。

昭和57（1982）年、快速特急用車輌としてデビューした2000形は相互乗り入れを行わないことから、直通規格にとらわれることがないので、連結器に電気接点と空気管を併設したCSD90形自動連結解放装置付密着連結器を取り付けた。デビュー当初は8輌固定編成のみで他形式車輌との連結も行わないので、連結器は宝の持ち腐れであったが、増結用の4輌固定編成を増備したことにより、連結して12輌編成を行うようになって、その威力を発揮することになった。連結作業に要する時間の短縮はもちろん、人員、労力、作業の安全性などが著しく改善された。

その後、浅草線直通運転車輌を含め、新造車輌はすべてCSD90形として、在来車輌もすべてを交換することに決定した。だが、K－2－AからNCB－Ⅱの時のような一斉交換は行わず、準備工事期間を経て土休日の2日間で4編成ごとに、半年をかけて工場で交換が行われた。この間は異なった連結器の編成が存在することになり、日常的に営業列車の連結作業が行われる京急では、基本編成と増結車輌との組み合わせが重要となった。平日朝のラッシュ時間帯のような増結作業が切れ目なく行われる状況の中で、連結器の同じ車輌同士となるように、操車には連日、細心の注意が払われた。これにより連結に要する時間は短縮され、列車の増発も可能となり、作業の安全性向上が図られた。なお通常は連結運転を行わない6輌固定編成は、連結器下部の電気連結器は取り付けていない。

２０２０年の東京オリンピック開催に向け、東京都交通局では浅草線の車輌を新形車輌（５５００形）に置き換えていく計画で、平成29（２０１７）年に姿を見せた車輌には、京急と同じような自動連結解放装置付きの連結器が取り付けられている。

## お試し期間を設けるところが京急らしい

技術の開発は日進月歩である。ついこの間まで最新と言われたものがあっという間に普及し、そして旧型となり、アウトレット商品になるのが日常である。鉄道車輌の場合は、もう少しサイクルは長いものの、歩みを止めることはない。新しい技術に真っ先に挑戦するパイオニア精神旺盛な会社もあり、慎重な会社もある。京急はどちらかといえば見極めの期間を置いてから本格採用する慎重派である。

ＬＥＤ（発光ダイオード）は、白熱電球の製造中止などの時代の流れで、各所での在来光源からの変更が進められている。鉄道でも先頭車の行先表示や車側ドアの開閉表示灯から始まり、現在では前照灯や室内灯への採用が一般化した。京急ではドア開閉表示灯への採用を昭和63（１９８８）年の新車から始めたものの、価格や輝度の経年劣化のため、いったん従来の白熱灯に戻してしまった。高輝度、劣化問題の解決、低価格化により再び

ＬＥＤ化が始められ、試用期間を経て平成20（２００８）年から、車側表示灯、行先表示器、室内灯、前照灯など徐々に本格採用に踏み切った。

客室の床にある点検蓋は、モーターがメンテナンスフリーとなったＶＶＶＦインバータ制御車で各社が廃止する中、京急では６００形（三代目）も、２１００形も残し、ようやく１０００形（二代目）で廃止となった。必要ないと理屈ではわかっていても、見極めをしてから決めるというのがいかにも京急らしい。平成27（２０１５）年度製の１３６７編成に、これまでの誘導電動機に代わり永久磁石同期電動機（ＰＭＳＭ）を使用しているが、これもお試し感が強く、今後の取り扱いが気になるところである。

## 衝突事故の被害軽減を図るアンチクライマ

昭和の初め、連結運転がようやく認められ、車体強度に差があるこれまでの木造車と、台枠、骨組み、外板を鋼製にした半鋼製車輌が混在するようになると、衝突事故の時、脆弱な木造車に半鋼製車輌が乗り上げ、甚大な被害となるのを避けるため、台枠の両端に突当座（アンチクライマ）と呼ばれる、ひだ状の一体鋳鋼による補強を取り付けた。万一の場合は双方のアンチクライマが噛み合い、車輌の乗り上げを回避する目的であった。

京急の車輌では長年にわたり必須アイテムであったアンチクライマ

他社でも採用例はあるが、木造車輌の淘汰によって鋼製車輌が主流になると取り付けなくなった。ＡＴＳが整備されても、列車同士の併合連結が頻繁に行われる京急では、万一のためアンチクライマの装備は続けられ、車輌としては正面の裾を引き締めるアクセントにもなっていた。その姿が消えたのは、平成となってから登場した三代目を名乗る、現行の６００形からである。

## 車輌への美学があった日野原イズムの功績

日野原イズムとして、京急電鉄で技術系の役員を務めた日野原保氏が、車輌の前照灯１灯、片開きドアにこだわったことは、第１章のコラムで紹介したとおりである。しかしながら、日野原保氏の一番の功績は、戦中・戦後に製造され性能がばらばらであった車輌の性能統一にあった。

更新時期を迎えた昭和40（１９６５）年に、これら在来車の再編成を行い、１２０kW

モーター車の全電動車編成と、150kWモーター車を電動車2輛と付随車2輛の4輛編成に統一して、8種に及ぶ車輛形式を4形式に統合した。また、車内も当時の最新車輛であった1000形（初代）に近づける仕様に更新して、車内設備の新旧車輛の格差を極力減らした。これは、共通化による部品数を減らすことを念頭に行われた標準化でもあった。さらに、ブレーキに電磁弁を付加して応答性を上げることにより、加減速性能は新形車に及ばないとしても、旧型の低性能車がのろのろと走り、ダイヤの足かせとならないようにすることは、緩急結合の列車運行で要となる車輛性能の底上げに大いに貢献した。

日野原氏の口癖は「賞狙いのような車輛は作るな」「窓のサイズを増やしてガラスの予備品を増やすな」「車内見付（内装）は悪くするな」であった。そこには、車輛に対する美学が感じられた。現在の車輛と比較するのは酷だが、1000形（初代）は故障も少なく、安定した性能は名車と呼ばれるにふさわしい車であった。

## 京急への乗り入れ車輛の条件とは

日本では電車列車が一般的だが、欧米では無動力の客車を機関車で牽引する形態が伝統的に主流となっている。なぜ日本で電車が発展したかというと、欧米では線路が強固な路盤の上に敷設されて、重量の重い高出力の機関車を運転することができる一方、日本では明治以降、国内に１㎞でも長く鉄道網を建設することを優先したため、脆弱な路盤で車輌の重量制限が厳しいことが大きく関係している。

電車は動力を機関車に集中させず、列車編成全体で重量と動力を分散させることにより、高出力機関車牽引の列車と比肩する性能を得ることができる。また、日本の高密度運転には、機関車の付け替えが必要なく折り返し運転が容易な電車が適していると言える。このため日本の電車列車は、編成の中に動力車（電動車、Ｍ車）と非動力車（付随車、Ｔ車）が混じったＭＴ組成となっていることが多い。

京急の先頭車輌は、動力装置を備えた電動車としているということは、マニアの間では知られている。だがこの説明は不十分で、正しくは先頭車輌の運転室のある先頭側の台車は、必ず動力装置を備えた車軸であることに限定している。これには、かつて先頭車輌が電動車であるものの、先頭側台車の車軸を非動力とした京成電鉄の３５００形が存在していたからで、京急空港線の延長により相互直通運転が拡大された時に、北総開発鉄道（現：北総鉄道）の７０００形とともに京急線への乗り入れが行われることになり、リニューアルを含めて改造が行われ、先頭軸の電動台車化が行われている。

こうして、列車の両端は動力台車とすることが、京急への乗り入れ車の条件とされている。この京急の先頭車電動車主義は、電気部長であった丸山信昭氏が理論的に推し進めたもので、丸山イズムと呼ばれている。

## フェイルセーフ信念の先頭車電動車主義

先頭車輌の電動車には二つの意味がある。一つは電気的なことで、列車密度が高く高速運転の緩急結合ダイヤを行っている京急では、普通列車が待避駅の待避側へ分岐器を通過したことに対して確実に素早く感知し、分岐器を本線側に転換して、後続列車へいち早く進行信号（G）を現すことが要求される。列車の安全をつかさどる信号回路は、レールを流れる信号電流が列車の車輪によって短絡することにより、列車の存在を感知している。加えて、モーターの付いた車輪からは、変電所に戻る帰線電流がレールに流れており、この電流がレールの表面にこびりついた汚れ（絶縁体）を破壊することにより、確実性を高めることになる。このため、機器を積み、重い動力車輌を編成の両端に配置することで、より確実性を高められるという思想に基づいている。これにより、信号機の感知から作動までのタイムラグを、通常は3秒ほど設けるのが一般的だが、京急では1秒としている。

もう一つは物理的なことで、先頭車が重いと慣性の法則で進行方向を変えにくいということがある。先頭車輌が軽い非動力車輌だと、脱線した場合、後ろの重い動力車に押され、脱線から転覆に至る危険性とともに、思わぬ方向に向きを変え、対向列車との接触により、二次災害を生じる重大事故の可能性もあることから回避する目的もある。

こうした先頭電動車は京急で長らく伝統的に行われてきたことかと思うと、以前には京急でも非動力の制御車（クハ）は存在していたし、相互直通運転開始当初は、件の3500形も季節運転の3者相互直通列車として顔を見せていた。こと厳密に列車両端の台車車軸を動力軸としたのは、他社での軌道回路短絡不良による事故などを例として、自社でも実験を行い徹底されたからである。

北総開発鉄道（現：北総鉄道）が第2期開業で京成電鉄の高砂で接続することにより、浅草線相互直通運転のネットワークに加わり、京急線に姿を見せることになった平成3（1991）年以降、京急は乗り入れ車についても先頭車輌の電動車化を他車に要求するようになった。このため、北総7000形などをはじめ、先頭車の電動車化改造工事が行われ、京急線への乗り入れ車輌が限定化された。

こうした利点があるが、なぜ他社では採用しないのか。一つに、先頭台車にモーターを付けると、万一の事故の場合、車輛機器へのダメージが大きくなることを避けるためではないかと思われる。保安設備のバックアップにより、あえて先頭車輛を電動車にしなくてもよいとしているのかもしれない。ただそうであっても、確実性を追求することにこだわる京急の先頭車電動車主義に、より安全なほうを選択するフェイルセーフ信念を感じ取ることができる。

## 揺れる京急と軌道、車輛、運転の関係

かつては「よく揺れる」が京急の代名詞であった。確かに、戦後間もない頃の京急電鉄の軌道は、クッションとなるレールの下の砂利（バラスト）が国鉄に比較して煎餅布団のように薄く、急曲線が点在し、分岐器の角度は用地が狭くてきつく、これが揺れるという要素の一つでもあったが、高加速や高減速の運転にも原因があった。並行路線の少ない関東の電車は、概ね経済運転を守り、速達列車もあまりなく、発車して一定の速度に達すると、オフ（電流を切る）の後は惰行でごろごろ走り、駅が近づくと空気ブレーキのハンドルを回して停車を繰り返していた。

京浜電鉄の場合は短い駅間を高加速でスタート、次の駅のぎりぎりまで加速し続け、オ

フと同時にブレーキをかけるような運転で、遅れがあるときはブレーキをかけても効き始めるまでに時間差があるので、加速を持続したままブレーキをかけ、ブレーキが効き始めたところでオフにするという荒業をする運転士もいたとのことで、ＡＴＳなどがない時代の話である。

このように、揺れる原因には軌道、車輌、運転など諸条件がある。京急では高速運転を目指すにあたって、軌道整備を積極的に行い、車輌の空気ばね台車の本格採用はかなり後発であった。試作空気ばね台車は昭和35（１９６０）年、１０００形（初代）に取り付けたが、「この車輌は空気ばねですから揺れますのでご注意ください」といったアナウンスがあり、京急では空気ばね台車との相性が悪かったのか、昭和46（１９７１）年になってようやく、冷房装置付きの１０００形（初代）から本格採用に踏み切っている。

近年、ＪＲ車輌をはじめ、多くの鉄道会社でボルスタレス台車と呼ばれる台車が主流となっている。一見してわかるが、軽量化が図られて実に華奢に見える台車である。ボルスタレス台車は、文字どおりボルスタがない台車である。ボルスタは日本語では枕梁《まくらばり》といい、台車枠と車体との間にあって、車体と台車の間で走行中に生ずるずれ（変位）に対応するためのものである。これを廃して台車枠を空気ばねで直接車体を支える方式にしたのが、

JRのボルスタレス台車に似た600形（三代目）のTH600形台車

ボルスタレス台車である。

京急では、急曲線、高加減速、高速運転という厳しい条件下での枕梁を省略した「やわな足回り」は心許ないということで、採用には至っていない。円筒案内式のボルスタ付きの台車を2000形から使い続けている。600形（三代目）では台車の部品点数を抑えるなどの試みで、JR東日本のボルスタレス台車に似た軸梁式の台車を採用したが、枕梁は存在しておりボルスタレス台車ではない。

乗り心地の向上は、平成6（1994）年に最高運転速度を105㎞／hから120㎞／hに上げた時に行われた軌道強化と整備で、曲線の緩和や分岐器の改良、カント（曲線区間で走行列車の受ける遠心力を緩和するため線路に傾斜をつけること）の増量などが行われ、スピードアップとの両立を果たした。今や「京急は速い」と言われるが、「よく揺れる」というのはそれを経験したある程度年配の方に限られてきた。１００㎞／ｈ以上で快特が通過する曲線区間にある京急鶴見駅では、カントが競輪競技場のコースのようにバンクになっているのがわかる。ベビーカーを押すお母さんはスマホなどに気を取られて手を離さないように、またストッパーをお忘れなく。

## 経営危機を支えた電灯電力事業

大師電鉄が開業した明治30年代は、江戸時代のろうそくや菜種油による行燈《あんどん》照明から石油ランプが普及してきた時代で、電灯が広く普及する以前であった。電力事業は未成熟で長距離高圧送電システムが確立しておらず、したがって電気鉄道の事業者は自前で電車運転用の電力を発電する設備を必要とした。

大師電鉄も、六郷川の河畔に自前の火力発電所を設けた。明治34（１９０１）年の大森停車場までの開業により発電能力を増強したが、この時大森に配電所を設け、余剰電力を蓄電池に充電し、列車の運転本数が増える時間帯に使用するとともに、近隣への電灯配電事業を始めている。その後、その電灯事業は現在でいう東京都大田区、川崎市川崎区・幸区・中原区、横浜市鶴見区に広がる3万戸にも及び、国鉄の京浜電車線（現：京浜東北線）の開業による利用客数激減という経営危機を支えた。

やがて電灯電力事業は、燃料の石炭の価格上昇や水力発電による低廉な電力と送電技術の向上により、自らの発電所は非常用として残されたものの、電車用電力を含め電力会社から購入して配電事業を行った。そして、今後鉄道事業の設備改良の投資が必要として、大正12（１９２３）年に電灯電力事業を、京浜電鉄の経営実権を握っていた安田財閥により、同じく経営実権を持っていた群馬電力に譲渡して撤退し、自前の発電所も廃止した。この時、群馬電力との受電契約とともに、京浜間の電車線の上を送電設備として使用する契約が結ばれ、１２０km／h運転開始まで姿が見られた門型（ガントリ）鉄柱が設置された。

## 省エネ電車と回生電力

昭和53（１９７８）年、現有の８００形（二代目）は電力回生ブレーキを備えた省エネ電車というフレーズで登場した。当時は輸送力増強による増発、編成輌数の増加に加え、冷房車輌の増加はそのまま電車用電力の増加につながる一方、オイルショックなどにより省エネが叫ばれていた時代である。その後、京急は回生ブレーキを備えた車輌が増加していったが、先にも述べたように回生した電力を消費してくれる別の列車が必要となる。

このため昭和56（１９８１）年、列車運行が10分ごとで変電設備のない逗子線に回生電力を一時的にためておく設備として、フライホイール（はずみ車）を用いた回生電力蓄勢装置を金沢八景にある瀬戸変電所内に設置して、試験運用を行った。回生電力を、慣性の法則で回転し続けるフライホイールに運動エネルギーとして保存し、必要時に電力に変換して供給する仕組みである。さらに次のステップとして昭和63（１９８８）年、逗子線とＪＲ横須賀線が交差する部分に、回生能力を上げた蓄勢装置としたフライホイールポストの本格的な運用を開始。これにより、平成25（２０１３）年度は逗子線内で使用されている電力の約20％を再生利用している。また、平成10（１９９８）年には、空港線の羽田変電所に電力回生インバータを導入している。

ところで、大森まで開業した明治36（１９０３）年の12月、発電所が火災で全焼してしまい、正月や初大師の書き入れ時を前にして、全線運転休止という事態になってしまった。この時、馬車鉄道から電車運転を始めていた東京電車鉄道より、品川から大森まで仮設の電柱を建て、元旦から運転を再開し、変電所が復旧するまで電力を融通してもらった。また、ともにライバルとして意識している湘南電鉄と横須賀線だが、領地争奪にしのぎを削る敵将に塩を送った戦国武将の故事にならい、非常時に電力を融通する契約が結ばれていた。

## ソファーの座り心地を意識した座席

京急の座席は以前より定評があった。高度成長の混雑緩和に躍起となっていた時代に投入された4扉ロングシートの700形（二代目）は、深く座り足を伸ばさないように意図して座席奥行きを詰め、座面高さを高めにしたが、それ以外の車輌は窓が大きいこともあって座面が低く、奥行きがたっぷりとした座席で詰め物も良かったのだろう。藁布団のようなカチカチで馬の背のような国電の座席とは雲泥の差であった。

２０００形を3扉に改造した時に、それまで床置きであった暖房器を座席下に吊り下げ、座席の脚台を取り付けない片持ち式の座席を採用した。この少し前にあたるが、価格半分、寿命半分をキャッチフレーズとしたＪＲ東日本の２０９系あたりから片持ち式座席が流行り出し、私鉄の車輌にも追随するものが現れた。人間工学的にそうしたのか、クッション性のあまりない固い座席で、最近はＪＲ東日本のＥ２３３系では多少クッション性が改善されているものの、短距離乗客がほとんどの路線ならまだしも、横須賀、東海道、高崎、東北、常磐線などの長時間着席は、尻に脂肪の少ない私などにはかなりしんどい。

京急の片持ち式座席は、これまでのバケットタイプの座席を踏襲し、固くなく、さりとて腰砕けの柔らか過ぎでもない適度な安定性を持ち、家庭でくつろぐソファーの座り心地を心掛けたというだけあって、通勤車輌の中ではハイクラスであると言ってよい。そして、表地の張り替えがまめに行われ、擦り切れやへたったクッションの哀れな座席を見かけない。ステンレス鋼製となった１０００形（二代目）でも座席は従来どおりで、座り心地の良さは受け継がれている。表地の色や柄、デザインに凝る他社に比べて地味なところもあるが、座り心地を第一とする王道を行く。

## 首都圏では珍しい補助椅子

京急の速達列車用として2扉クロスシート車の２０００形は、一人でも多く着席できるようにと、出入口の両側に補助椅子が設けられた。このサービスは先輩格の京阪間の速達列車用の車輌には標準装備されていたが、首都圏ではこの種の車輌が存在していなかったので珍しい存在であった。

混雑時は使用できないように自動でロックされる仕組みであり、閑散時を見極めてロックを解除するタイミングは、京急としても試行錯誤であったようで、導入からしばらくは閉じたままであったのを記憶している。やがてカチッと音がして「ただいまから補助椅子が使用できます」といった車内放送が流れると、乗客も勝手を得ていて、先頭車では12名、中間車では16名の着席ができる。この設備は600形（三代目）、2100形のほか、1000形（二代目）のアルミ合金車に設けられ、ステンレス車では車端ボックス席をやめたため一時消えたが、平成28（2016）年度車からボックス席が設けられたので復活している。座り心地は新型車輌の登場とともに、徐々にクッションが改良されてきた。

車端部にボックスシートを備える車の常備品である補助椅子
（写真はボックスシートに収納された状態）

快速特急が新設された当時は、先輩格である京阪間の速達列車では京都と大阪の両都市を発車すると途中は無停車で、乗客の出入りはなくドアの開閉がないので、出入口の補助椅子でも落ち着いて着席していられた。だが、京急の快特の場合はほぼ等間隔に停車駅があり、到着のたびに「乗り降りのお客さまがいらっしゃいましたら席をお立ちいただきますようお願いいたします」という放送があることはいささか残念である。

## 伝統の大きい窓

京急の車輌の側窓が大きいのは、その昔、湘南電鉄のデ1形から続く伝統である。しかし、冷房車輌が当たり前となった頃から、断熱性や、窓が大きくロングシート座席の背もたれが低いと座り心地が悪いことなどから、かつてほど窓の天地寸法は大きくなくなった。とはいえ比較的、窓面積が大きく、明るく開放的な京急のイメージが定着している。

また、日差しをカットする色のついたガラスを窓に採用することにより、日よけのカーテンは取り付けない鉄道会社が増えている。ガラスに色がついているので車内が全体的に暗くなるものの、夏の強い日差しを遮るのには無理がある。京急では２１００形から着色ガラスを採用したが、快特やウィング号に使用することもあって、横引きの西陣織を用いたプリーツカーテンを取り付けている。

そのほかのロングシート車輌では、従来と変わらず巻き上げ式のカーテンを取り付けている。このカーテンは、下げても外の景色が透けて見えるものである。特に１０００形（二代目）の一部には、扉間が２３２５㎜ある１枚ガラスの大窓とした車輌もあるため、カーテンも１枚もので、一端で取り扱っても全体に水平を保って操作できる工夫がされている。

２１００形とアルミ車の１０００形（二代目）は、製造当初はすべての窓を固定として、防音、断熱、結露を防ぐため複層ガラスを使用した。このため降雨時や混雑時に窓が曇らず、ガラスに触れても不快な思いをしないように心配りがなされていた。

平成18（２００６）年度の１０００形（二代目）で、アルミ合金製の車体から、標準化されたステンレス車体に改めた１編成が現れた。これまでのオーダーメイド感のある車輌からは１８０度転換したマイナーチェンジで、銀色に輝く京急の車輌らしくない電車が走り始めたという感があった。非常梯子の収納と称して乗務員室の運転士側の仕切り窓が小窓に変更され、かぶりつきの座席もなくなり、側面の窓もなくなって、伝統の前面展望はがっかりしたものとなった。

そして、海外での地下鉄放火火災事故などを受け、国土交通省の通達により、窓の一部が開閉式となり、複層ガラスの使用は取りやめとなった。２１００形や１０００形（二代目）アルミ車も、リニューアル工事で一部の窓は開閉式に改造されている。１０００形（二代目）ステンレス車の外観は平成28（２０１６）年度車からフルラッピングとなり、

**京急線、都営浅草線、京成線、北総線、芝山鉄道線の相互乗り入れ区間**

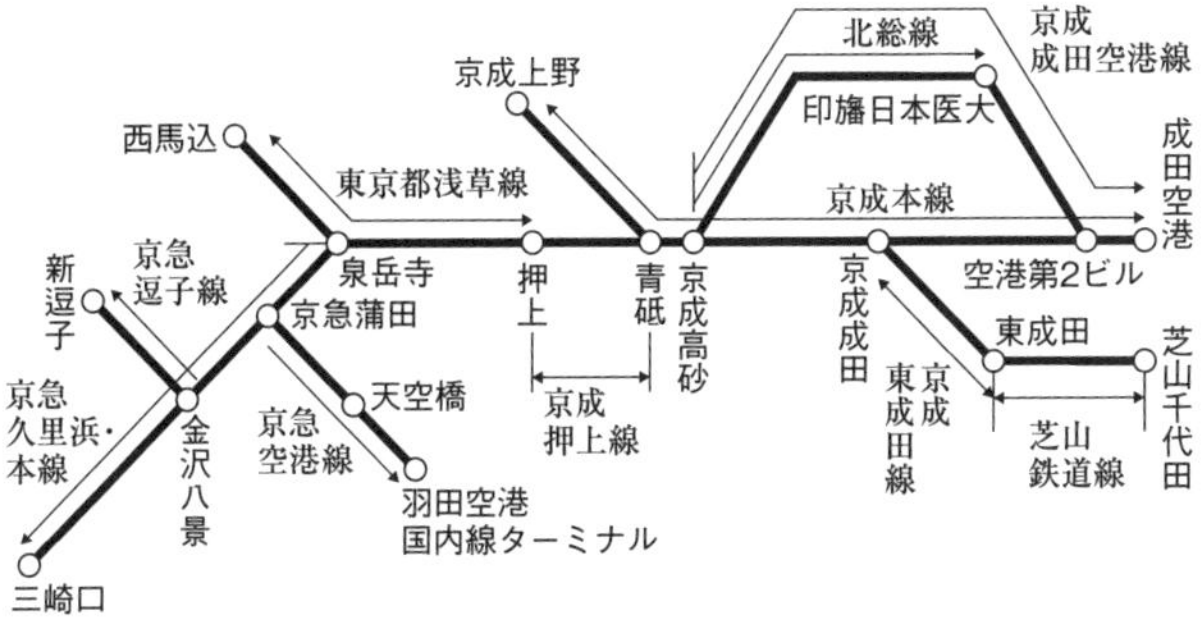


［出典：数字でみる鉄道2016（一般財団法人運輸総合研究所）］

平成29（2017）年度車は新造車として実に約11年ぶりの全面塗装仕様となった。それを機会にあと一息、1000形（二代目）アルミ合金車のリニューアル車のように、非常梯子が車いすスペース部に収納され、前面展望とかぶりつき座席の復活を願っていたが、残念ながら叶わず、切に望んでいる。

## カラフルな電車が行き交う直通運転

浅草線との相互直通運転が始められたことにより、自社以外の車輌も姿を見せることになった。当初は東京都交通局の車輌が京浜川崎（現：京急川崎）まで乗り入れてくるだけであったが、間もなく年始、春秋、夏季に3者直通の臨時列車の運転が盛んになり、京急線内でも京成電鉄の車輌が走行。これに加え、平成3（1991）年の北総開発鉄道

（現：北総鉄道）の第二期開通により京成高砂で京成電鉄と結ばれ、浅草線相互直通運転のネットワークに組み入れられたことで、北総開発鉄道や当時の住宅・都市整備公団千葉ニュータウン線のさまざまなカラフルな車輛が京急線で見られるようになった。

また、京急の１０００形（初代）が京成電鉄にリースとなり、さらに青く塗り替えて当時新規開業の千葉急行電鉄に又貸しされたり、北総開発鉄道に譲渡され７１５０形として銀色になったりして、京急線に顔を出すこともあった。平成10（１９９８）年の羽田空港駅開業直後は、京成上野の地下駅で京成の特急として京急６００形（三代目）を見ることもあり、三崎口で京成の赤電と呼ばれる３０００形の車輛が見られた。

ほかの私鉄と地下鉄の相互乗り入れ路線では、乗り入れ運転開始から乗り入れ区間や運行形態の変更があまり行われず、単調な列車運行が行われていたのに比較すると、浅草線は何でもありの運行が目を引く存在であった。近年は東京メトロの副都心線や南北線などで相互直通運転が活発になっているが、浅草線は半世紀近く前から行われていたのである。こうしたことで、京急線内では居ながらにして各社の車輛を乗り比べることができるが、こうした交流は車輛のみではなく、印旛地方に生息する生物（昆虫）が三浦地方に運ばれるケースもあるようである。

# 第5章　サービスに見る粋な計らい

モーニング・ウィング号

## 快適空間で座って帰れる「ウィング号」

平成4（1992）年4月、平日の下り夕方以降に着席保証の「ウィング号」の運転を開始した。各社では有料特急車輛の回送の有効利用などで始められた「ホームライナー」があるが、京急では快速特急用の2000形を使用した。ウィング号は品川を発車すると横浜を通過して、上大岡まで停車しない。上大岡からは快特と同じ駅に停車して、料金（200円。現在は300円）不要で乗車できる。品川を発車した時点で空席がある時や、上大岡で下車する乗客もいるので、上大岡からの乗車では着席できる可能性が高く、この列車をねらって帰宅に使っている方もいるようである。平成12（2000）年から新車の2100形に順次変更され、車内設備はグレードアップとなったが料金は据え置かれ、高乗車率を維持し続けて現在11本が運転されている。

平成27（2015）年12月からは、平日朝の上りに「モーニング・ウィング号」の運転が始められた。朝は列車密度が高いのでラッシュのピーク前1本と後に1本の2列車だけだが、三浦海岸発で途中、横須賀中央、金沢文庫、上大岡の各駅で号車を指定した乗車であった。料金はウィング号開始以来200円と、他社に比較して低廉であったものの、モーニング・ウィング号運転開始とともに300円に変更となり、平成29（2017）年5月から座席指定制が取り入れられた。朝晩どちらのウィング号も、京急には珍しく速達性を提供するものではなく、最多乗降客数を誇る横浜駅を通過扱いとしたことにより、途中で乗客の出入りがなく、落ち着いた車内環境を提供することが売りになっている。人気は上々で、モーニング・ウィング号の1カ月定期券である「Wing Pass」を購入する利用者も多い。

### 車輌増結による着席チャンス

都心部を経由する相互直通運転を行う路線が増え、都心のターミナル駅ではこれまで着席して帰宅できた始発列車が減り、そのチャンスがなくなったと嘆くサラリーマンは少なくない。

　京急の路線は4輌編成運転の大師線を除き、8輌編成の列車の運転が可能であるが、本線の品川〜金沢文庫間では12輌編成の運転が行われる一方で、普通列車のみ停車の駅には6輌編成までしか停まれない駅が多くある。このため車輌も4輌、6輌、8輌の編成を用意している。上りの場合、始発駅から終着駅まで一定の編成輌数で運行していれば、始発駅から遠のくにつれて着席できる可能性は下がっていく。郊外から都心に向かう朝の上り通勤電車はその最たるもので、着席は始発駅から乗車する長距離通勤者の特権と言ってしまえばそれまでだが、体調が優れないなど着席したいという気持ちになる時もある。

　そうした時に、途中駅での空車増結は、乗り換えに多少時間のロスはあるものの、着席できる可能性を生み出してくれるものである。また速達列車と普通列車の接続駅では乗客の入れ替わりもあり、着席チャンスが生まれる。京急では、都心部をつなぐ直通運転を長年行う一方で、ターミナルの品川駅で帰宅時の下りの列車も22時31分発の快特まで4輌増結による12輌編成運転を行い、ウィング号以外に品川始発の快特も設定しており、少しでも多く着席して家路についてほしいという気持ちが伝わってくる。

## 運賃でもライバル路線とバトル

消費者である利用者は、「早い・安い・うまい」ではないが、財布から出すお金には厳しい。にもかかわらず、正確を期すべき報道においても、「運賃」と「料金」が明確に使い分けられていない現実にある。運賃は、基本的な移動の対価であり、料金は、速達性（特急列車など）、設備の良い車輛（グリーン車など）などの付加価値利用料を指す。

並行路線では、運転間隔や所要時間、車輛の設備などとともに、運賃が、どちらを利用するかという選択肢に大きく影響することがある。これまでも運賃改定により安くなった鉄道側に、旅客が流れることがあった。並行路線区間の品川〜横浜間は、営業距離が京急は22・2km、JR東日本が22・0kmで、現在の対キロ区間制（乗車距離で運賃を決める制度）による普通運賃表によれば、京急は310円、JR東日本は電車特定区間が適用され390円となる。しかし、さらに双方で特定区間（JR東日本はこのほか東京地区特定区間もある）を設け、京急は300円、JRは290円となっている。

東京地区特定区間は、京急に限らず私鉄と並行する駅間で普通運賃の割引が行われている。これは赤字に苦しむ国鉄末期に運賃改定を繰り返した結果、私鉄運賃との格差が広がり、これを是正するために設けたものである。京急の運賃に対抗して、JR横須賀線の逗子～久里浜間の各駅と、新橋～保土ケ谷間の各駅（一部駅は設定なし）との間で適用されている。

逆に、京急では空港線の羽田空港国内線ターミナル駅および羽田空港国際線ターミナル駅と他の区間とをまたぐ場合、１７０円が加算運賃として上乗せされている（空港線内の駅は割引あり）。これは、競合する東京モノレールの運賃との調整でもある。

ところで、京急の運賃は安いかというと必ずしもそうでもない。先ほどの品川～横浜間でも、ＪＲより10円ではあるが高い。三崎口までは品川から65・７㎞で９３０円である。運賃が安いと言われる東急電鉄は56㎞までの運賃表しかないが、４７０円と京急のほぼ半額である。しかし定期運賃の割引率は、大手私鉄の中では通勤、通学とも高くなっている。各社の路線により運賃設定はさまざまだが、言うなれば京急は一見さんより、常連さんに優しいということになる。

運賃が現金から磁気カード、そしてＩＣカード決済となり、お金を使ったという意識が希薄になって、選択肢は利便性優先となり、並行路線の運賃差も極端でなければ、あまり気にかけないようになっているのではないかと思われる。

最新の多言語対応案内表示装置

## 駅の時刻表とアナログ時計

駅のホームで列車の発車時刻を確認しようと思えば、今や主力となっている案内表示器を探すだろう。しかし、平日と土休日のすべての列車が掲載された昔ながらの列車時刻表も、ホームには健在である。京急ではこの時刻表と時計がセットで組み込まれ、設置されていた。どこの鉄道でもそうなっているものと気にも留めなかったが、改めて意識して観察すると、案外他社では駅の時刻表と時計が関連して配置されていないことが多い気がした。

私が子どもの頃は、小学生になると時計の見方を教わり、長針と短針の位置で何時何分と読めるようになったものである。時代とともに時計のデジタル表示が増えていく中で、京急では短針と長針表示のアナログ時計を時刻表や発車案内表示器とセットにして配置している。携帯電話やスマートフォンには時計機能があるものの、時刻表や表示器から目線を移さなければならない。セットになっていれば、列車時刻と現在の時刻を同時に見ることができるのが利点である。デジタル時計は数字で表示され、極めて正確な時刻を知ることができるが、時間の空間をイメージしにくい。こうしたことを踏まえると、次の列車は何分後に来るという思考を、頭の中で到着時刻から数値の引き算を行うか、到着時刻の針の位置を想定してその開き具合から感覚的に時間を意識するか、いずれの思考にも対応できる多様性を備えた京急らしい設備だと思う。

平成29（2017）年10月に、品川、羽田空港国際線ターミナル、横須賀中央の3駅で、スマートフォンの無償アプリに対応する音響通信システムの「おもてなしガイド」を装備した最新の多言語対応の案内表示装置が設置された。ここでも、京急の伝統とも言える長針、短針を備えたアナログ時計を忘れずに組み込んでいる。

## 若い乗務員

子どもの頃聞いた童謡に『船頭さん』というのがあるが、その中に「今年六十のおじいさん」という歌詞があった。もちろんその頃の定年はもっと若い年であったのだろうが、他社には白髪でいかにもベテランといった風貌の運転士が見受けられた。それに比べ京急では年配者の運転士を見受けないことに、スピードやカーブで加速・減速を繰り返す運転がきついので年配者には無理なんだろうなと勝手に思っていた。今でも京急の運転士は皆若い。帽子に白い線の入ったお師匠さんの指導運転士に付き添われ、運転士の卵が大きな声で確認の喚呼の復唱を行う姿は変わらない。

戦時中に男性が戦地に出征した代わりに女性の乗務員が活躍した時代もあったが、当時の鉄道は男社会で、どこの鉄道でも運転士や車掌は男が当たり前だった。時は流れ、男女雇用機会均等法の施行もあって、平成８（１９９６）年に京急は関東の大手私鉄で初めて電車車掌に女性を登用し、その後電車運転士にも進出して、鉄道での女性の活躍が一般的になった。

女性が乗務員室内に入るといえば、京急は昭和50年代に、朝夕の通勤列車の乗務員室に制服姿の観光バスガイドを乗せて、車内放送で満員の車内に向け、帰郷バスの案内を生放送で行っていた。昭和38（１９６３）年から盆と年末に、品川から地方へ向けて同社が運転していた帰郷バスの宣伝である。車掌はのべつ放送を行うわけではないので、満員の車内から丸見えの衆人環視の中にあって、狭い乗務員室内でガイド嬢と所在なくぎこちない姿が思い出される。昭和61（1986）年から深夜高速バスが定期運行されるようになり、平成7（1995）年に帰郷バスは廃止され、季節の風物詩も消えていった。

もう一つ感心したのは、昭和40年代中頃のロングヘアーの流行とともに、鉄道乗務員の髪型や服装の乱れなどがマスコミに取り上げられていた頃のことである。京急では乗務員室と客室の仕切りカーテンを下ろさず、常に背後から乗客に見られているという緊張感もあったのか、襟足をきれいに整え、服装の乱れもなく乗務していた。安全を売り物にする鉄道で、規律を厳守して任務に就く姿は、安心感と信頼を得ていたと思った。今でも仕切りカーテンは、夜間も客室の照明が運転に影響しない場合は開放している。

## 湘南は遠くになりにけり

京急本線と逗子線の分岐駅である金沢八景周辺は、鎌倉幕府の執権北条氏が治めていた時代から風光明媚な地として知られ、江戸時代には中国湖南省洞庭湖の瀟湘八景をなぞらえて金沢八景と呼ばれ、頻繁に文人墨客の往来があった。その南の地域を「湘南」と呼んだもので、本来は三浦半島を指し、せいぜい江ノ島の片瀬海岸が西限で、葉山、逗子、鎌倉がその中心であった。明治時代に東海道線が開通以降、交通の便の良い保養地として大磯などが発展し、湘南と呼ばれる地域は徐々に西進して、今や相模や足柄に本家を奪われた形になってしまった。

三浦半島を一周する計画で、京浜電鉄の関連会社として発足した湘南電鉄であったが、京浜電鉄に吸収され、わずか10年足らずで湘南電鉄の名前は消えてしまった。その一方で、湘南逗子や湘南大津のように、横浜以南の駅名の冠称に「湘南」がそのまま残されていた。

しかし昭和38（１９６３）年、駅名の冠称にあった湘南は、一斉に「京浜」（その後、京急）に変更され、名称の一体化が図られた。高度成長真っただ中の当時、京浜の２文字から思い描くイメージは、五色の煙たなびく京浜工業地帯で、下世話なことだが、駅名に湘南の名が付くことでのステイタスを自ら捨ててしまったのは残念のほかならない。近年、京急は横須賀市内に湘南を冠する分譲住宅地の販売を行っている。湘南ブランド奪還への奮闘を期待したい。

## 『なぎさ』という広報誌

昭和31（１９５６）年11月に創刊され、駅などで配布されるＡ５判広報誌の『なぎさ』。

残念ながら創刊号は手元にないが、第2号の巻頭は東大名誉教授の斎藤勇文学博士の真珠、松竹の新人女優の岩下志麻氏による海をテーマにした随筆が続く。文芸誌のような内容は、この時代に私鉄各社が出す広報誌の傾向でもあった。広告はあるものの目立つほどはなく、まもなく月刊となり高度成長時代とともに昭和40年代には女性モデルを使ってファッションやビジュアル性の強いページ構成に変わっていった。地場産品の食に関する蘊蓄《うんちく》や、郷土史家に執筆依頼をするなどして、沿線や寺社ガイドにも深みを増して、『なぎさ』の愛読者が生まれた。

発行日となる月初めには、それを目当てに駅を訪れるのが習慣となった定期読者が生まれ、数万部発行されていたというものの、時期を外すと入手できないこともあった。京急ではこれに応えて、「なぎさ倶楽部」として毎月確実に手に入れるための手配や、年間発行の合本ファイルまで用意したり、親交を深めるためのハイキングや史跡を散策したりするようなツアーを開催した。

しかし、ホームページの開設などにより紙媒体の後退が著しくなり、ニュース性の強い『京急インフォメーション』と統合され、長年続いた月刊も隔月刊となりつつも、平成28（２０１６）年に通巻６００号を迎えた。時代により内容や構成は変わりながらも、創刊当時からのポリシーがどこかに漂っているような誌面を保ち続けて発行されている「京急のまちマガジン『なぎさ』」は、平成29（２０１７）年11月、京急創立１２０周年記念特別号を発行し、「未来へ広げる、この沿線の物語」をテーマに募集した小説の受賞作5編を書評と合わせて掲載した。また、各小説の舞台となった京急沿線の街がガイドマップに掲載されている。ページは通常の『なぎさ』に比べてボリュームがあり、一部の京急関連の店での商品購入により無料配布とした。継続は力なりというが、『なぎさ』の根強い愛読者は今もいる。私もその一人である。

# 第6章　京急はこれからも愛され続けるのか

## 〝赤い彗星〟は本当に速いのか

「120km/hの赤い彗星」などと言われ、京急は速いというイメージが定着している。果たして本当に速いのだろうか。『数字でみる鉄道2016』(国土交通省鉄道局監修、運輸総合研究所刊)によると、京急の快特は他社の有料特急列車と同じ土俵で比較され、運転全区間で示されているため、表定速度は58・2km/hとなり、60km/hにも満たない数値となってしまう。快特は品川~横浜間が所要17分で、この区間では京急蒲田、京急川崎の2駅停車で78・4km/hとなる。しかし横浜以南では平成11(1999)年のダイヤ改正以降、快特は久里浜線内各駅に停車することになり、表定速度は53・3km/hに低下して品川~三崎口間の所要時間は68分となった。

速度の体感は視覚、聴覚によって増長されることがあり、高架化前の京浜間は両側に建物が接近してスピードは実際より速く感じられ、通過駅のポイントをガシャガシャと通過する音も迫力があって、よく揺れるという通説も、京急は速いと印象付けられていた。運転も発車直後から加速よく飛び出し、並行する他社線の列車がブレーキをかけ徐行状態になっているのに、停まれるのかなと心配するのをよそに、駅に差し掛かりようやくブレーキをかけて先に停車してしまうといった運転が見かけられる。しかし、あまり生きのいい運転をして途中で信号がまばたきし、減速を余儀なくされることも時たまある。京急線は１本の線路に速度や停車駅の違う列車が走っている。ＪＲで言えば、京浜東北線、横須賀線、東海道線が１つの線路に走っていることになる。

こうした条件で速達列車の快特を運転することは、京急のお家芸の緩急結合運転である。最高速度１２０㎞／ｈ運転の開始により線路が整備され、高架化されたことで、実際には以前より早く走っているのに、スピードはかつてほど感じられなくなったし、停車駅間の途中で追い抜く列車に近づいて加速、徐行を繰り返す運転も少なくなって、安定した速度で走行して穏やかな高速運転となったという証ではあるが、ちょっと物足りないという感もある。

快特はこのところ、停車駅が増えて所要時間が延びることになり、人口減少が深刻な問題として捉えられている三浦半島では、都心部への速達性でマイナス要因となりうるし、乗客の出入りが頻繁になり、かつてのような、静粛な車内の空気感が変わってしまったのが残念に思える。

## 「見せる」京急へエール

各社ともイメージアップを図るため、新形車輛の外観のデザインを凝らしている。しかし、こうした「見せる」意図とは裏腹に、安全対策の整備としてホームドア、地下化、高架化、防音壁など、「見せない」かのような施策が行われているのも事実である。ホームドアは羽田空港国際線ターミナル駅ですでに使用されているが、京急蒲田、京急川崎、横浜、上大岡、羽田空港国内線ターミナルの5駅には、2020年までに設置する予定としている。安全対策は不可欠だが、このままいけば車輛は車窓景観を眺める楽しみが失われるとともに、エレベーターのように外観を意識しない、単なる箱に成り下がってしまうことになる。

鉄道の本分は公共輸送であって、遊園地の遊具ではない。しかし機能性だけを追求して遊び心を失ったものには魅力がなく、電車に乗りたいという気持ちを起こさせる付加価値を求めるのは難しくなると思う。これは駅にも言えることで、かつては街のランドマーク的存在であったが、今や複合商業ビルの中に埋没してしまった。地下化はその最たるもので、街から鉄道自体の存在感すら失ってしまっている。

京急の車輛は時流によりステンレス鋼製車体となりながらも、フルフィルム貼りに転換し、さらに再び塗装仕様に戻したことに、「京急の電車に乗りたい」と思う気持ちを喚起させたいという意気込みが感じられ、思わず頑張れと声援を送りたくなった。

## 一時代を築いた三浦海岸の海水浴輸送

昭和41（１９６６）年7月、三浦半島の上宮田海岸近辺まで久里浜線が延長となり、江の島海岸を東洋のマイアミビーチと名付けたのにならい、上宮田を三浦海岸と命名して「青いデートナビーチ」と呼び、大々的にオープンした。

それまで京急の海水浴輸送は、逗子海岸をメインとして国鉄横須賀線と覇を争ったが、これ以降、三浦海岸を主力とした。昭和43（１９６８）年6月の都営地下鉄との相互直通運転開始により、これまで都内の海水浴客を品川で受け止めていたが、千葉県の京成線沿線からも都営線を経由した旅客が加わり、空前の人出を数えた。久里浜線は一部に単線区間があるものの、8輛編成の特急列車を1時間に6往復させるという驚異的な運転を行っていた。そして冷房もない列車は通勤時間帯の満員列車のような混雑で、海水浴客を三浦海岸へ送り込んだ。

砂浜に特設ステージを設け、「三浦海岸フェスティバル」として歌謡ショーの開催やハ

特設ステージの歌謡ショー

ワイから本場のフラダンスチームを招聘するなど、海水浴以外にも積極的に旅客誘致策を講じた。昭和45（1970）年には、夕方に車内の蛍光灯を青いものに取り替えたフラダンスショー鑑賞客向けの「ハワイアン号」を運転した。実はこの青い照明はこの時が初めてではなく、戦前に湘南電鉄が夏期の間、冷房装置はもとより扇風機もない当時の電車で、乗客に涼感を味わってもらうため、電球を昼光色に、笠を青色に取り替えた。大きな窓で外気を取り込み、展望のよいデ1形電車で、自然の涼味を味わう電車で夕涼みといった乗客もあったという。イメージ涼感の「ハワイアン号」は1年限りで、翌年からは実質的な涼感を得られる冷房車輌が登場した。

海水浴へは通勤電車並みの混雑であったため、

みうらビーチ号［撮影：柴橋達夫］

着席して行きたいという要望に「みうらビーチ号」の運転が始められた。フラダンスの特設ステージは、ラジオ局とのタイアップで歌謡ショーに変わり、その後は毎年デビューしたての若手歌手が登竜門としてステージに上がった。出演者の中からトップスターに上りつめていった歌手も多くいる。みうらビーチ号は「ミュージックトレイン」に名を変え、往路は出演者が同乗して車内をめぐり、ファンとの交流が行われ、人気歌手の出場日は海岸の砂が見えないくらいに人で埋め尽くされた。

三浦海岸の海水浴は、昭和46（１９７１）年に約４００万人という最大の人出を記録してからは漸減し、やがてバブルの到来で海に出かける海水浴からシティホテルのプールで泳ぐことがトレンドとなり、「海離れ」が顕著となった。平成に入って夏期ダイヤもなくなり、歌謡ショーも行われなくなって、列車名も「みうらビーチ号」に戻って姿を消した。平成10（１９９８）年には京急直営の「三浦ビーチセンター」も閉館となった。あれだけ盛況を誇った三浦海岸の海水浴客も、平成29（２０１７）年には約40万人と、ピーク時の10分の１となっていた。

2100形電車を模した塗装とした2階建てバス

## 三浦地域の活性化

こうしたことに神奈川県三浦市の人口減も、地域の衰退に拍車をかけた。京急も知名度の向上、旅客誘致から、定住の促進、環境の保全など広範に三浦の地域活性化を支援する取り組みを始めた。

三崎港は、マグロの水揚げで全国有数の遠洋漁業の基地である。観光客はマグロを求めて三浦半島南端の三崎を目指すものの、横浜横須賀道路から三浦縦貫道などを経由しても、一般道に降りると一本道で、昼近くになると平日でも渋滞となり、三崎への到着時間は不確実になる。ここで人気上々なのが、京急のお得なきっぷとして、往復列車運賃とフリー区間指定のバス路線の乗車運賃、それにマグロ食事券と各店でのおみやげなど三崎エリアでの特典をセットにした「みさきまぐろきっぷ」である。平成

21（２００９）年の発売以来人気で、平成29（２０１７）年10月にバージョンアップが行われている。午前の下り快特の車内は、八景島シーパラダイスの金沢八景、若者カップルが多い横須賀中央を過ぎると、車内は三崎を目指す、毎日が日曜日の年配者グループが目立つようになる。パンフレットを眺めながら、食事の店の品定めに賑やかとなる。

また、２階がオープントップとなったバスを導入し、三崎口駅から三崎港までを結ぶ回遊バスが平成29（２０１７）年にデビューした。このバスは、２１００形電車をイメージした外板の色調や座席を使用しており、京急の遊び心はそれだけではなく、ナンバープレートなどにもぜひ注目したい。

こうした動きは、沿線外からの観光客が増え、京急の認知度を高め、広める良いチャンスである。この人気を広めるためにも、速達性と快適性により快特に似合う２１００形と、オープントップバスによる小旅行として、三浦地域の再興が望まれる。

## 新たなライバル出現の可能性がある空港線

羽田空港への鉄道アクセスは現在、京急と東京モノレールが輸送を担っており、年々利用者は増加している。しかし、ＪＲ東日本の羽田空港アクセス線構想や東急の蒲田駅と京急蒲田駅を結ぶ蒲蒲線構想などが浮上し、今後新たなライバルが生まれる可能性に、京急としても安閑とはしていられない。まずは列車運行に弾力性を持たせるためにも、羽田空港国内線ターミナル駅の先に引き上げ線を設けて、列車の遅れなどに対応できるようにすることが急務であると思われる。東京方面と横浜方面の2方面にアクセスする京急線ではあるが、空港線京急蒲田～糀谷《こうじや》間の線路配線によるものと、本線品川～京急蒲田間のいずれも列車密度に制限があるので、今後の増発についていてどのような施策を打ち出すか注目したい。

## どうなる大師線の連続立体交差化工事

大師線は京急線発祥の路線で、川崎大師の参詣路線として長らく親しまれているが、沿線には京浜工業地帯の中核として工場も多く、通勤路線の役目も果たしてきた。しかし川崎市は臨海部の産業転換期に差し掛かり、大師線の先にある殿町地区は、医療技術や創薬などの研究開発機関が集まって国際戦力拠点として注目を集めている。

また、京急が港町駅前の日本コロムビア工場の跡地に分譲したタワーマンションをはじめ、宅地開発も活発で、大師線の利用者層も変化が見られる。

その一方、大師線の連続立体交差化工事は、第一期工事として交通量の多い産業道路と平面交差している東門前〜小島新田間が着手されている。しかし、ルート変更も伴う第二期工事については、多摩川に沿って東京湾アクアラインと内陸部を結ぶ川崎縦貫道路のうち、大師線と立体化工事で関係する高速道路部の事業が休止状態であることから、川崎市は平成29（２０１７）年11月に連続立体交差事業の廃止を決定している。この代案として国道４０９号線との単独立体化も考えられているが、今後の動きに注視したい。

ところで、毎年干支の表示板を掲げた列車の撮影場所として、港町駅付近の和合橋は元旦から賑わう。順光となる昼頃は和気あいあいと譲り合いながら撮影する光景を、川崎大師初詣客で満載の車内からも見ることができる。大師線連続立体交差化の第二期工事が中止となり、この撮影場所は経路変更と地下化は行われず、秘かに鉄道ファンは胸をなでおろしているのではないだろうか。

## 大きく変わる品川・泉岳寺の将来

品川周辺は、国際交流拠点としての開発事業が２０１９年から駅街区で着手される予定で、ＪＲは２０２０年には品川駅と田町駅の間に新駅が暫定開業となる。

この事業で京急本線は、新馬場から泉岳寺まで１・７㎞のうち、八つ山橋までは高架化し、京急本線で都内の残されていた３つの踏切を除去し、そこから新しい品川駅まで高架線から地上に駆け下りることになる。現在の高架線上にある品川駅をＪＲ線と同様に地平に下ろし、ホームを２面３線から２面４線に改める。また、港南口から高輪口までの自由通路が国道15号線を乗り越えて、京急が行う品川西口の大規模複合施設の開発地域まで延長することになる。さらに、予定では２０２７年にリニア中央新幹線が開業する。

浅草線との接続駅である泉岳寺駅は、周辺の再開発とともに、駅ホームの拡幅をはじめとする改良工事が行われ、機能強化が図られる。

## 新時代を迎える横浜への本社機能の移転

今一番の注目は、創立１２０周年の記念事業として、２０１９年秋に京急の本社機能を泉岳寺から横浜のみなとみらい21地区に移転するということだろう。京急の最多乗降者数の横浜駅や、会社発祥の大師線があり、営業エリアの大半を占める神奈川の企業となる。横浜への本社移転はこれまでも何度か浮上していたが、なかなか実現には至らなかった。

新しい京急グループ本社は、地上15階建て、高さ約78ｍのビルで、１階には企業ミュージアムを設け、２３０形車輛が保存展示されることになる。横浜駅からは徒歩約10分で、みなとみらい線新高島駅付近のみなとみらい21中央地区56－1街区に建設されている。

また、横浜市内の山下ふ頭での総合リゾート（ＩＲ）開発構想にも参画を検討しており、流通をはじめ、沿線開発への展開など、京急グループはさらなる発展を遂げていくであろう。

# おわりに

長年、京急と接してきたにも関わらず、どっぷりとその中に浸っていたためか、改めて京急の魅力は何かと自問しても、なかなか京急愛という抽象的なことに明解な回答を得られないでいた。そこで本書では、京急が120年の長い歴史の中で直面した困難や危機に対して、どのように乗り越えてきたかという部分をヒントとして、今日まで育まれてきた京急の個性的なポリシーを探った。振り返ってみると、主に運行や車輌の面で随所に見られた〝京急らしさ〟は、競合路線の存在によって際立ち、磨かれてきたと言えなくはない。

だが、昨今はどうだろう。ライバルを意識することよりも、時代やニーズを捉えながら、培われてきた思想や伝統を〝京急らしさ〟としてしっかりと打ち出している気がする。その堂々とした京急の姿に、人々は魅せられ、愛情まで抱くのではないだろうか。これからも、京急はその愛や期待に応えてくれるに違いない。

最後になりますが、歴史に残るエピソードから神髄に迫ろうと、京急のOBの方や鉄道趣味の諸先輩に集まっていただいて、生の声を聞き取り、大いに参考とさせていただきました。この場を借りて、ご協力に感謝を申し上げます。

# 主な参考文献


【京浜急行電鉄刊行物】

京浜電気鉄道沿革史、京浜急行最近の十年、京浜急行最近の10年の歩み、京浜急行電鉄八十年史、京浜急行90年史、京浜急行百年史、京急グループ110年史 最近の10年、機関誌「京浜急行」、社内報「京浜」「けいひん」「グループニュースKeikyu」「KEIKYUS」、京急グループハンドブック（会社要覧）各年版、鉄道安全報告書各年版、京急グループCSR報告書各年版、

「日野原保鉄道関係文集」1（日野原保）、

羽田空港線物語（高野光雄）、

京急ダイヤの歴史（高野光雄）

【その他】

東京横浜電鉄沿革史（東京横浜電鉄）

東京急行電鉄50年史（東京急行電鉄）
数字でみる鉄道各年版（国土交通省監修・一般財団法人運輸総合研究所）
実践運転概論（石井信邦／一般社団法人日本鉄道運転協会）
京浜急行のマン・マシンシステム（丸山信昭／鉄道ピクトリアル５０１号／電気車研究会）
京浜急行の先頭電動車編成について（丸山信昭／鉄道ピクトリアル６５６号／電気車研究会）
京浜急行電鉄（永田義美／ROMANCE CAR7号／東京鉄道同好会）
京急ダイヤ１００年史（吉本尚／電気車研究会）
図説 鉄道工学（天野光三・前田泰敬・三輪利英／丸善出版）
改訂版 電車基礎講座（野元浩／交通新聞社）
鉄道メカニズム探究（辻村功／ＪＴＢパブリッシング）
京濱・湘南を語る会の聞き取り（湘南会）

**佐藤良介**（さとうりょうすけ）
昭和26（1951）年、神奈川県横須賀市生まれ。以来、京急沿線で暮らす。『京浜急行 電車と駅の物語』（吉川文夫共著／多摩川新聞社）、『京急の駅 今昔・昭和の面影』『京急の車両』『京急電車の運転と車両探見』（JTBキャンブックス）ほか、京急電鉄をテーマとした著書多数。

交通新聞社新書120
**なぜ京急は愛されるのか**
**“らしさ”が光る運行、車輌、サービス**
（定価はカバーに表示してあります）

2018年2月15日　第1刷発行

著　者——佐藤良介
発行人——横山裕司
発行所——株式会社　交通新聞社
http://www.kotsu.co.jp/
〒101-0062　東京都千代田区神田駿河台2-3-11
NBF御茶ノ水ビル
電話　東京（03）6831-6550（編集部）
東京（03）6831-6622（販売部）

印刷・製本—大日本印刷株式会社


ISBN978-4-330-86218-7